D0521159

che desde la memoria

Los dejo ahora conmigo mirando al que fui.

ERNESTO CHE GUEVARA

che
la memoria
memoria

ERNESTO CHE GUEVARA

Los dejo ahora conmigo mismo: el que fui

Selección y prólogo de Víctor Casaus

ocean
sur

Centro de Estudios
CHE GUEVARA

Diseño ::maybe
Al Briggs, Velco Dojcinovski and Steve White
www.maybe.com.au

Derechos © 2004 Ocean Press
Derechos © 2004 Centro de Estudios Che Guevara y Aleida March
Fotos © 2004 Aleida March

ISBN 10: 1-876175-89-3
ISBN 13: 978-1-876175-89-4

Primera edición 2004
Tercera impresión 2006

OCEAN SUR ES UN PROYECTO DE OCEAN PRESS

Publicado por Ocean Press
Australia: GPO Box 3279, Melbourne, Victoria 3001, Australia
          Tel: (61-3) 9326 4280 Fax: (61-3) 9329 5040
          E-mail: info@oceanbooks.com.au
USA: PO Box 1186, Old Chelsea Stn., New York, NY 10113-1186, USA
Cuba: Calle 7 #33610, Tarará, La Habana, Cuba
          E-mail: oceanhav@enet.cu

www.oceansur.com
info@oceansur.com

www.oceanbooks.com.au

índice

prólogo

04. los segunda
a latina

maneras mirar

de y de diario

de y de diario méxico

12. áfrica: del y del

13. lector llamado

14. bolivia: la todo

15. imagen la

a comenzar para continuar

Che testimoniante es el título que pudiéramos también dar a este libro para subrayar ese otro oficio —menos conocido, igualmente fecundo— que atraviesa la vida, los viajes, las acciones de Ernesto Guevara de la Serna, desde la inquieta juventud hasta la formidable madurez. Resulta estremecedor comprobar la sistematicidad con que ejerció ese oficio, incorporándolo de hecho a su existencia. En este libro, que sigue el rastro de sus retos, sus indagaciones, sus sueños, sus combates, aparecen algunos de los caminos que tomó aquella vocación testimonial: diarios de viajes, cartas, entrevistas, crónicas, fotos.

Los textos han sido organizados siguiendo un orden cronológico. De modo que es posible explorar, de carta en carta, de apunte en apunte, la búsqueda de la vocación, el desarrollo de las ideas, las certidumbres mayores de su vida. En ese sentido este libro también es un testimonio.

Y es un testimonio, a su vez, de la ética guevariana aplicada a la creación literaria. "Creo que escribir es una forma de encarar problemas concretos y una posición que por sensibilidad se adopta frente a la vida", responde en una carta de los años sesenta, uniendo dos elementos importantes de su propia experiencia: la acción práctica y la sensibilidad humana y artística. En otra carta de la misma época responde a un escritor: "la única pasión que me guía en el campo que Ud. transita es trasmitir la verdad (no me confunda con un defensor a ultranza del realismo socialista). Desde ese punto de vista miro todo". La frase entre paréntesis —como aquellas consideraciones en su carta-ensayo "El hombre y el socialismo en Cuba"— nos revelan, otra vez, al intelectual formado e informado en estos temas que ocuparon su atención y su tiempo.

Como en todo testimonio verdadero, en los textos de este libro alientan los rasgos de la personalidad de su autor. De ahí que lo encontremos en sus páginas como lector y como fotógrafo, como amigo y como estudioso de la historia, de las gentes, de la vida. La ironía y el humor, la crítica y la firmeza, la sinceridad y el autoexamen exigente conviven en la palabra de Che testimoniante. Y aquí se muestran como fueron, como son, haciendo justicia a esta frase suya llena de enseñanzas para el presente y para el futuro: "Considero que la verdad histórica debe respetarse; fabricarla a capricho no conduce a ningún resultado bueno".

Che fue un conspirador a favor de esa verdad, contra las injusticias avasalladoras y los dogmas paralizantes, desde la historia misma y desde la palabra.

Por ello es un honor para el Centro Cultural Pablo de la Torriente Brau —sitio para la memoria y para el debate, para la imaginación y para la belleza— haber trabajado con el Centro de Estudios Che Guevara en el primer acercamiento a este tema a partir del cuaderno *Memoria* que preparamos juntos en 1997.

Aquel proyecto soñador y evidente al mismo tiempo creció después, hasta convertirse en este libro, hecho con rigor y cariño, al ritmo de estos tiempos, para mostrar también a estos tiempos inciertos que vivimos la imagen y el filo de una personalidad múltiple y creadora, que hizo de la ética un arma de combate y utilizó el arma de combate para tratar de crear un mundo en que esa ética sea posible, cotidiana, nuestra.

Este es un libro para todos los jóvenes que, como el joven Ernesto, se preguntan hoy en cualquier rincón del planeta acerca de ese mundo que tiende a ser cada día más incomprensible, más lejano y más injusto.

Para apostar a favor de la inteligencia, la solidaridad y la justicia, las páginas que siguen quieren traer al Che, culto e incisivo, irónico y apasionado, terrenal y testimoniante —es decir, vivo— hasta nosotros.

Los dejo, entonces, con el que fue, con el que es, con el que —entre todos, si lo hacemos posible— será.

Víctor Casaus
La Habana

...lajero impenitente, buscador de
paisajes, vocaciones y destino,
Ernesto Guevara ya era el Che
en la triunfante Revolución Cubana
cuando alguien le preguntó por sus
orígenes. En esta carta memorable,
escrita a principios de 1964, Che
contesta a su hipotético pariente lejano
y reafirma su criterio sobre este tema.

Ahora que iniciamos el viaje que este
libro propone, siguiendo sus pasos y
sus descubrimientos, reviviendo sus
preguntas y sus crecientes respuestas,
esta carta acompaña las imágenes de
Ernesto, desde la infancia y sus retos
personales hasta la madurez alcanzada
en aprendizajes y combates.

Más que una cronología familiar, más
que una larga enumeración de fechas y
lugares, esta carta rápida y directa,
contestada seguramente en el poco
tiempo dejado por obligaciones y
tareas, nos habla de sus orígenes más
profundos, a través de una ética que
hoy sigue siendo válida y necesaria en
las tierras que habitamos.

—VC

QI delos
orígenes

...si ud. es capaz de temblar de indignación...

La Habana, febrero 20 de 1964
"Año de la Economía"

Sra. María Rosario Guevara
36, Rue d'Annam.
(Maarif) Casablanca,
Maroc.

Compañera:

De verdad que no sé bien de qué parte de España es mi familia. Naturalmente hace mucho que salieron de allí mis antepasados con una mano atrás y otra delante; y si yo no las conservo así, es por lo incómodo de la posición.

No creo que seamos parientes muy cercanos, pero si Ud. es capaz de temblar de indignación cada vez que se comete una injusticia en el mundo, somos compañeros, que es más importante.

Un saludo revolucionario de,

"Patria o Muerte. Venceremos".
Cmdte. Ernesto Che Guevara

Ambas fotos: La primera infancia con Celia y Ernesto, sus padres, 1929.

Siguiente: Días de infancia en el columpio familiar.

Arriba: En uno de sus tantos Rocinantes. Altagracia, Córdoba.
Abajo e izquierda: Altagracia, Córdoba, Argentina.

Arriba: Altagracia, Córdoba, Argentina.

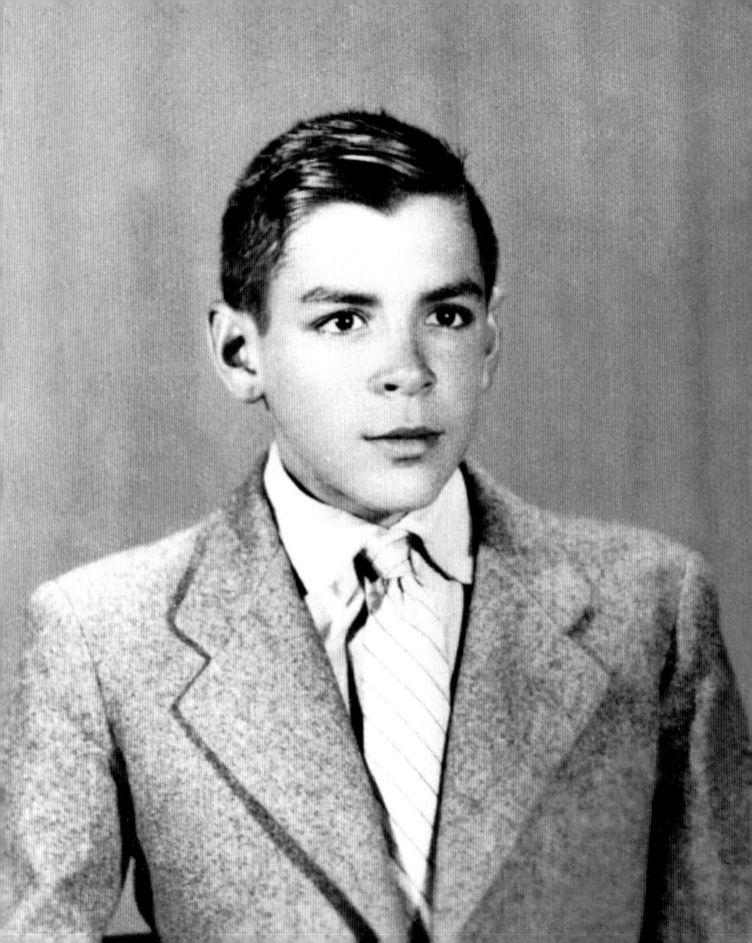

Abajo: Descanso familiar en Mar del Plata, Argentina.
Derecha: Chichina Ferreira, encontrando el amor. Córdoba, 1950.

El estudiante, de Buenos Aires a
Córdoba, 1951.
Derecha: El Médico.

El inicio de los viajes del joven Ernesto: ver la Argentina por dentro, más allá de Buenos Aires, Rosario, Córdoba. Aquí se reúnen ahora estos fragmentos de su paso por el polvoriento Santiago del Estero, y su camino hacia Salta donde el río Juramento le invita, "con la espuma que salta como chispas del choque contra las rocas", a "tirarse allí y ser mecido brutalmente por las aguas" con "ganas de gritar como un condenado sin necesidad apenas de pensar lo que se dice".

El encuentro con la naturaleza del norte argentino, que describe con prosa bella, seca y precisa y destellos de ironías y deslumbramientos, se va acompañando de una manera de mirar: el joven testimoniante Ernesto Guevara traspasa la engañosa apariencia de "la lujosa cubierta" en "los mapas de propaganda de Jujuy" para encontrar el alma de la región y sus habitantes. Una mirada que irá abriéndose, con el tiempo y los caminos andados y desandados, hacia los horizontes del mundo y de las gentes que lo pueblan.

Este viaje inicia el contacto del joven Ernesto con el mundo más allá de las estrechas fronteras familiares. La búsqueda de la aventura y de los entornos desconocidos se acompaña del reto personal: la lucha de la voluntad contra el asma, el triunfo de la decisión puesta a prueba en los caminos recorridos.

El viajero descubre ángulos inéditos de la naturaleza y comienza a percibir —con una claridad que irá creciendo de viaje en viaje— los matices de la trama social que habita ese mundo abierto ante sus ojos. Para ello, no hay como el conocimiento del otro, el intercambio de una conversación repentina:

...apareció un linyera debajo de una alcantarilla y naturalmente iniciamos la conversación. Este hombre venía de la cosecha de algodón en el Chaco y pensaba, después de vagar un poco, dirigirse a San Juan a la vendimia... Enterado de mi plan de recorrer unas cuantas provincias, y luego de saber que mi hazaña era puramente deportiva, se agarró la cabeza con aire desesperado: "Mamá mía, ¿toda esa fuerza se gasta inútilmente usted?"

—VC

DE LOS VIAJES:

02

argentinapor
dentro

lapretenciosa intentona...

Aquí se establece una visión retrospectiva hacia los puntos anteriores del viaje, que primero sólo tomaría dos o tres puntos de la provincia de Córdoba, incluido el viaje desde Buenos Aires y que hoy se amplía con la pretenciosa intentona de llegar a Santiago, Tucumán, Catamarca, La Rioja, San Juan, Mendoza, San Luis, Buenos Aires y Miramar.

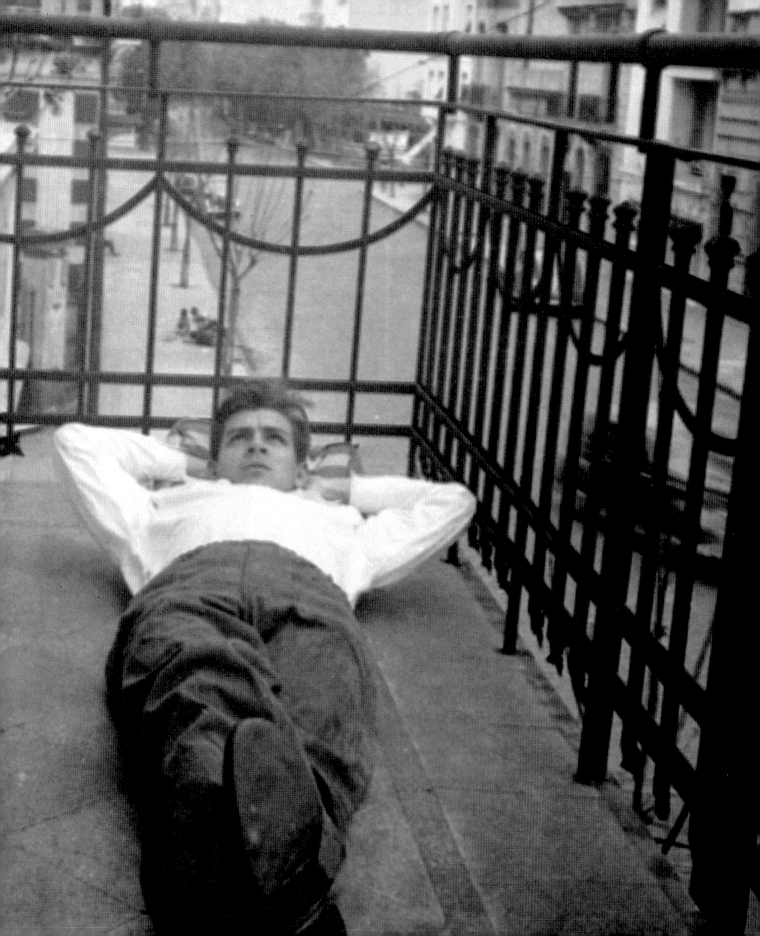

meríodel aguacero...

Cuando salía de Buenos Aires, la noche del 1ro. de enero de 1950, iba lleno de dudas sobre la potencialidad de la máquina que llevaba y con la sola esperanza de llegar pronto y bien a Pilar, fin de la jornada según decían algunas bien intencionadas lenguas de mi casa, y luego a Pergamino, otro de los puntos finales que se me ponían.

Al salir de San Isidro pasando por la caminera, apagué el motorcito y seguí a pedal, por lo que fui alcanzado por otro raidista que se iba a fuerza de piernas (en bicicleta) a Rosario. Continuamos el camino juntos pedaleando yo para mantener el ritmo de mi compañero. Cuando pasé por Pilar, sentí ya la primera alegría del triunfador.

A las 8 de la mañana del día siguiente llegamos a San Antonio de Areco, primera etapa de mi compañero, tomamos un desayuno y nos despedimos. Yo continúo la marcha y llego al atardecer a Pergamino, segunda etapa simbólica, ya era un triunfador, envalentonado olvidé mi fatiga y puse pies rumbo a Rosario, honradamente colgado de un camión de combustible, tras del cual llego a las 11 de la noche a Rosario. El cuerpo pide a gritos un colchón pero la voluntad se opone y continúo la marcha. A eso de las dos de la mañana se larga un chaparrón que dura más o menos una hora; saco mi impermeable y la capa de lona que la previsión de mi madre colocó en la mochila, me río del aguacero y se lo digo a grito pelado chapurreando un verso de Sábato. [...]

A las 6 de la mañana llego a Leones y cambio bujías, amén de cargar nafta. Mi raid entra en una parte monótona. A eso de las diez de la mañana paso por Bell Ville y allí tomo la cola de otro camión que me arrastra hasta cerca de Villa María, allí paro un segundo y hago cálculos, según los cuales empleaba menos de 40 horas en llegar. Faltan 144 kilómetros, a 25 por hora, no hay más que decir, camino 10 kilómetros y me alcanza un auto particular —en ese momento yo venía pedaleando para evitar el recalentamiento del mediodía— que paró para ver si necesitaba nafta, le dije que no pero le pedí que me arrastrara a unos 60 kilómetros por hora. Recorrí unos 10 kilómetros, cuando reventó la goma trasera y tomado descuidado fui a dar con mi humanidad en el suelo (espléndido terreno con frente al camino).

Investigando las causas del desastre me di cuenta de que el motorcito, que venía trabajando en falso, había comido la cubierta hasta dejar la cámara al aire, lo que provocó mi afortunada caída.

Sin cubiertas de repuesto y con un sueño horrible me tiré al borde del camino dispuesto a descansar. A la hora o dos pasó un camión vacío que consintió en alzarme hasta Córdoba. Cargué los [...] trastos en un coche de alquiler y llegué a lo de Granado, meta de mis afanes, empleando 41 horas y 17 minutos. [...]

En el [palabra ilegible] ya narrado me encontré con un linyera que hacía la siesta debajo de una alcantarilla y que se despertó con el bochinche.

Iniciamos la conversación y en cuanto se enteró de que era estudiante se encariñó conmigo. Sacó un termo sucio y me preparó un mate cocido con azúcar como para endulzar a una solterona. Después de mucho charlar y de contarnos mutuamente una serie de peripecias, quizá con algo de verdad, pero muy adornadas, se acordó de sus tiempos de peluquero y notando mi porra algo crecida, peló unas tijeras herrumbradas y un peine sucio y dio comienzo a su tarea. Al promediar la misma yo sentía en la cabeza algo raro y temía por mi integridad física, pero nunca imaginé que un par de tijeras fuera un arma tan peligrosa. Cuando me ofreció un espejito de bolsillo casi caigo de espaldas, la cantidad de escaleras era tal que no había un lugar sano.

Llevé mi cabeza pelada como si fuera un trofeo a casa de los Aguilar, cuando fui a visitar a Ana María, mi hermana, pero para mi sorpresa casi no dieron importancia a la pelada y se maravillaron de que hubiera tomado el mate que me daban. En cuestión de opiniones no hay nada escrito.

Después de unos días de ocio, esperando a Tomasito nos dirigimos a Tanti. El lugar elegido no tenía nada de extraordinario pero estaba cerca de todos los abastecimientos, inclusive la vertiente de agua. Luego de dos días emprendimos un proyectado viaje a los Chorrillos, paraje que queda a unos 10 kilómetros de allí. [...]

El espectáculo de la caída de los Chorrillos desde una altura de unos 50 metros es de los que valen la pena entre los de las sierras cordobesas.

El chorro cae desparramándose en hileras de cascaditas múltiples que botan en cada piedra hasta caer desperdigados en una hoya que se encuentra debajo, luego en profusión de saltos menores cae a una gran hoya natural, la mayor que haya visto en riachos de este tamaño, pero que desgraciadamente recibe muy poca luz solar, de modo que el agua es extremadamente fría y solo se puede estar allí unos minutos.

La abundancia de agua que hay en todas las laderas vecinas, de donde brota formando manantiales, hace el lugar sumamente fértil y existe profusión de helechos y otras hierbas propias de lugares húmedos que dan al paraje una belleza particular.

Fue en esta zona, sobre la cascada, donde hice mis primeras armas en alpinismo. Se me había metido entre ceja y ceja bajar el chorrillo por la cascada, pero tuve que desistir e iniciar el descenso por una cortada a pique, la más difícil que encontré, para sacarme el gusto. Cuando iba a mitad del recorrido me falló una piedra y rodé unos 10 metros en

medio de una avalancha de piedras y cascotes que caían conmigo.

Cuando logré estabilizarme, luego de romper varios [palabra ilegible] tuve que iniciar el ascenso porque me era imposible bajar más. Allí aprendí la ley primera del alpinismo: Es más fácil subir que bajar. El amargo sabor de la derrota me duró todo el día, pero al siguiente me tiré desde unos cuatro metros y unos dos metros (¿al menos?) en setenta centímetros de agua.

Lo que me borró el sabor amargo del día anterior.

Ese día y parte del siguiente llovió mucho [...] de modo que resolvimos levantar la carpa. Casi a eso de las 5 1/2, cuando con gran pachorra íbamos envolviendo los cachivaches, [...] se oyó el primer sonido gangoso del arroyo que bramaba. De las casas vecinas salieron gritando: "Viene el arroyo, viene al arroyo". Todo el campamento nuestro era una romería, los tres llevábamos y traíamos cosas. A último momento el Grego Granado toma de las puntas a la cobija y se lleva todo lo que quedaba mientras Tomás y yo recobramos las estacas a toda velocidad. Ya se venía la ola sobre nosotros y la gente del costado nos gritaba: "Dejen eso, locos", y algunas palabras no muy católicas. Faltaba sólo una soga y en ese momento yo tenía el machete en la mano. No pude con el genio y en medio de la expectativa de todos lancé un "A la carga, mis valientes", y con un cinematográfico hachazo corté la piola. Sacábamos todo al costado

cuando pasó la ola bramando furiosamente y mostrando su ridícula altura de un metro y medio entre una serie interminable de ruidos atronadores.

Me largué a las cuatro de la tarde del 29 de enero, y luego de una corta etapa en Colonia Caroya seguí viaje hasta San José de la Dormida, donde hice honor al nombre; echándome al costado del camino y pegándole una noche magnífica hasta las 6 de la mañana del día siguiente.

Pedaleé de allí unos 5 kilómetros hasta encontrar una casita en la que me vendieron un litro de nafta.

Inicié en segunda el tramo final hasta San Francisco del Chañar. Al motorcito se le ocurrió espantarse en una cuesta pronunciada y dejarme a pedal unos 5 kilómetros, todos con repecho, pero al fin me vi en el medio del pueblo, desde donde la camioneta del sanatorio me llevó hasta allí.

Al día siguiente fuimos a visitar a uno de los [ilegible] de Alberto Granado

con un doctor Rossetti y a la vuelta me caí rompiendo 8 rayos de la bicicleta, quedando varado cuatro días más de lo pensado hasta que me la compusieron. [...]

Habíamos resuelto partir el sábado [...] con Alberto Granado después de una milonga o copetín en lo de un señor X, senador por el departamento; capo del distrito, una especie de señor de horca y cuchillo adaptado a los tiempos modernos. [...]

Nos pasamos toda la mañana tratando de coordinar la forma de ir rápido y al final, por la tardecita, resolvimos salir, yo en la bicicleta y él [Alberto] con un compañero en la moto, pero antes resolvimos tomar un vermouth que allí había y que estaba especial. [...] Como no había hielo el petiso fue a buscar, y al no encontrar me enfermó a mí y pidió hielo para una bolsa en casa del senador, trajo los cubitos y nos dispusimos a tomar con potencia inusitada, pero quiso la mala suerte que la señora del senador se acordara repentinamente de que necesitaba un remedio y fuera personalmente a buscarlo. Cuando nos dimos cuenta de la augusta presencia ya era tarde, a pesar de todo me tiré boca abajo en el colchón y me agarré la cabeza con un gesto dolorido y desesperado, yo lo hice por ejercitar mis dotes de actor, porque ya sabía el resultado nulo. [...]

santiagodelestero: elsolcaeaplomo sobremicabeza...

En esta parte el panorama de Santiago hace recordar algunas zonas del norte de Córdoba, del que lo separa una mera línea imaginaria. A los costados del camino se levantan enormes cactus de los 6 metros, que parecen enormes candelabros verdes. La vegetación es abundante y se ven señales de fertilidad, pero poco a poco el panorama va variando, el camino se hace más polvoriento y escabroso, la vegetación empieza a dejar atrás a los quebrachos y ya insinúa su dominio la jarilla; el sol cae a plomo sobre mi cabeza y rebotando contra el suelo me envuelve en una ola de calor. Elijo una frondosa sombra de un algarrobo, y me tiro durante una hora a dormir; luego me levanto, tomo unos mates y sigo viaje. Sobre el camino el mojón que marca el kilómetro 1 000 de la ruta 9 me da un saludo de bienvenida, un kilómetro después se inicia el completo dominio de la jarilla, estoy en el Sahara y de pronto, oh, sorpresa, el camino que tiene el privilegio de ser uno de los más malos que recorrí, se troca en un magnífico camino abovedado, parejo y firme, donde el motor se regodea y marcha a sus anchas.

Pero no es la única sorpresa que me depara el [¿seno?] del centro de la República, también el hecho de encontrar un rancho cada 4 ó 5 kilómetros me hace pensar un poco si estaré o no en este trágico lugar. Sin embargo el océano que compone la tierra teñida de plata y su melena verde no deja dudas. De trecho en trecho, como despatarrado centinela, surge la vigilante figura de un cactus.

En dos horas y media hago los 80 kilómetros de salina y allí me llevo otra sorpresa: al pedir un poco de agua fresca para cambiar la recalentada de mi cantimplora me entero que el agua potable se encuentra a sólo 3 metros de profundidad y en forma abundante; evidentemente la fama es algo que está supeditado a impresiones subjetivas, si no se explica esto: buenos caminos, profusión de ranchos y agua a 3 metros. No es tan poco.

Entrada la noche llego a Loreto, pueblo de varios miles de almas, pero que se encuentra en gran estado de atraso.

El oficial de policía que me atendió cuando fui a pedir alojamiento para pasar la noche me informó que no había ni un solo médico en el pueblo, y al enterarse de que estaba en quinto año de Medicina, me dio el saludable consejo de que me instalara como curandero en el pueblo: "Ganan muy bien y hacen un favor". [...]

Temprano emprendí el viaje, y caminando a ratos por un camino PÉSIMO y otros por un afirmado muy bueno aquí me separé para siempre de mi cantimplora que un bache traidor se llevó, llegué a Santiago, donde fui muy bien recibido por una familia amiga.

Allí se me hizo el primer reportaje de mi vida, para un diario de Tucumán, y el autor fue un señor Santillán, que me conoció en la primera parada que hice en la ciudad. [...]

Ese día conocí la ciudad de Santiago [...] cuyo calor infernal espanta a sus moradores y los encierra en sus casas, hasta bien entrada la tarde, hora en que salen a buscar la calle, forma de hacer sociedad.

"...recorrer unas cuántas provincias... hazaña puramente deportiva..." 1950.

tucumán:mientras parabaainflaruna goma...

A las nueve de la mañana del día siguiente continué rumbo a Tucumán adonde llegué bien entrada la noche.

En un lugar del camino me sucedió una cosa curiosa mientras paraba a inflar una goma, a unos mil metros de un pueblo, apareció un linyera debajo de una alcantarilla cercana y naturalmente iniciamos la conversación.

Este hombre venía de la cosecha de algodón en el Chaco y pensaba, luego de vagar un poco, dirigirse a San Juan, a la vendimia. Enterado de mi plan de recorrer unas cuantas provincias y luego de saber que mi hazaña era puramente deportiva, se agarró la cabeza con aire desesperado: "Mamá mía, ¿toda esa fuerza se gasta inútilmente usted?" [...]

Reanudé mi marcha hacia la capital tucumana. Como una fugaz centella de esas que caminan 30 kilómetros por hora, pasé por la majestuosa ciudad tucumana y tomé inmediatamente el camino a Salta, pero me sorprendió el agua y aterricé humildemente en el cuartel, en los arsenales, a unos 10 ó 15 kilómetros de Tucumán, de donde partí a las 6 de la mañana rumbo a Salta.

El camino a la salida de Tucumán es una de las cosas más bonitas del norte [argentino]: sobre unos 20 kilómetros de buen pavimento se desarrolla a los costados una vegetación lujuriosa, una especie de selva tropical al alcance del turista, con multitud de arroyitos y un ambiente de humedad que le confiere el aspecto de una película de la selva amazónica. Al entrar bajo esos jardines naturales, caminando en medio de lianas, pisoteando helechos y observando cómo todo se ríe de nuestra escasa cultura botánica, esperamos en cada momento oír el rugido de un león, ver la silenciosa marcha de la serpiente o el paso ágil de un ciervo y de pronto se escucha el rugido, poco intenso, y constante, se reconoce en él el canto de un camión que sube la cuesta.

Parece que el rugido rompiera con fragor de cristalería el castillo de mi ensueño y me volviera a la realidad. Me doy cuenta entonces de que ha madurado en mí algo que hacía tiempo crecía dentro del bullicio ciudadano: y es el odio a la civilización, la burda imagen de gentes moviéndose como locos al compás de ese ruido tremendo, se me ocurre como la antítesis odiosa de la paz, de

esa [ilegible] en que el roce silencioso de las hojas forma una melodiosa música de fondo.

Vuelvo al camino y continúo mi marcha. A las 11 ó 12 llego a la policía caminera y paro un rato a descansar. En eso llega un motociclista con una Harley Davidson, nuevita, me propone llevarme a rastras. Yo le pregunto la velocidad. "Y, despacio, lo puedo llevar a 80 ó 90." No, evidentemente ya he aprendido con el costillar la experiencia de que no se puede sobrepasar los 40 kilómetros por hora cuando se va a remolque, con la inestabilidad de la carga y en caminos accidentados.

Rehúso y luego de dar las gracias al [tachado] que me convidara con un jarro de café, sigo apurando el tren, esperando llegar a Salta en el día. Tengo 200 kilómetros todavía, de modo que hay que apurarse.

Cuando llego a Rosario de la Frontera hago un encuentro desagradable, de un camión bajan la motocicleta Harley Davidson en la comisaría. Me acerco y pregunto por el conductor. Muerto, es la respuesta.

Naturalmente que el pequeño problema individual que entraña la oscura muerte de este motociclista no alcanza a tocar los resortes de las fibras sensibleras de las multitudes, pero el saber que un hombre va buscando el peligro sin tener siquiera ese vago aspecto heroico que entraña la hazaña pública y a la vuelta de una curva muere sin testigos, hace aparecer a este aventurero desconocido como provisto de un vago "fervor" suicida. Algo que podría tornar interesante el estudio |de su personalidad, pero que lo aleja completamente del tema de estas notas.

[...] me presento al hospital [...] como un "estudiante de Medicina medio pato, medio raidista y cansado". Me dan como casa una rural con mullidos asientos y encuentro la cama digna de un rey. Duermo como un lirón hasta las 7 de la mañana en que me despiertan para sacar el coche. Llueve torrencialmente, se suspende el viaje. Por la tarde a eso de las 2 para la lluvia y me largo hacia Jujuy pero a la salida de la ciudad había un enorme barrial provocado por la fortísima precipitación pluvial y me es imposible seguir adelante. Sin embargo consigo un camión y me encuentro con que el conductor es un

viejo conocido; después de unos kilómetros nos separamos, él seguía hasta Campo Santo a buscar cemento y yo proseguí la marcha por el camino llamado La Cornisa.

El agua caída se juntaba en arroyitos que cayendo de los cerros cruzaban el camino yendo a morir al Mojotoro, que corre al borde del camino; no era este un espectáculo imponente similar al de Salta en el [río] Juramento, pero su alegre belleza tonifica el espíritu. Luego de separarse de este río entra el viajero en la verdadera zona de La Cornisa, en donde se comprueba la majestuosa belleza de los cerros empenachados de bosque verde. Las abras se suceden sin interrupción y con el marco del verdor cercano, se ve entre los claros del ramaje el llano verde y alejado, como visto a través de un anteojo de otra tonalidad.

El follaje mojado inunda el ambiente de frescura, pero no se nota esa humedad penetrante, agresiva, de Tucumán, sino algo más naturalmente fresco y suave. El encanto de esa tarde calurosa y húmeda, templado por la tupida selva [...] me transportaba a un mundo de ensueños, un mundo alejado de mi posición actual, pero cuyo camino de retorno yo conocía

bien y no estaba cortado por esos abismos de niebla que suelen ostentar los reinos de los Buenos. [...]

Hastiado de belleza, como en una indigestión de bombones, llego a la ciudad de Jujuy, molido por dentro y por fuera y deseoso de conocer el valor de la hospitalidad de esta provincia, ¿qué mejor ocasión que este viaje para conocer los hospitales del país?

Duermo magníficamente en una de las salas, pero antes debo rendir cuenta de mis conocimientos medicinales y munido de unas pinzas y un poco de éter me dedico a la apasionante caza de [ilegible] en la rapada cabeza de un chango.

Su quejido monocorde lacera mis oídos como un fino estilete, mientras mi otro yo científico cuenta con indolente codicia el número de mis [¿muertos?] enemigos. No alcanza a comprenderse cómo ha podido el negrito de apenas 2 años llenarse en esa forma de larvas; es que queriendo hacerlo no sería fácil conseguirlo. [...]

Me meto en la cama y trato de hacer del insignificante episodio una buena base para mi sueño de paria. [...]

De Rosario de la Frontera a Metán el camino pavimentado me ofrece el descanso de su lisura, para prepararme al tramo Metán-Salta, con una bien provista dosis de paciencia para [¿apuntar?] "serruchos".

Con todo, lo malo de esta zona, en cuanto a caminos se refiere se ve compensado por los magníficos panoramas [¿de qué se viste?]. Entramos en plena zona montañosa y a la vuelta de cada curva algo nuevo nos maravilla. Ya cerca de Lobería tengo oportunidad de admirar uno de los paisajes más bonitos de las rutas: al borde del camino hay una especie de puente de ferrocarril, sostenido sólo por los tirantes, y debajo del cual corre el río Juramento. La orilla está llena de piedras de todos colores y las grisáceas aguas del río corren turbulentas entre escarpadas orillas de magnífica vegetación. Me quedo un rato largo mirando el agua. [...] Es que en la espuma gris que salta como chispas del choque contra las rocas y vuelve al remolino en una sucesión total está la invitación a tirarse allí y ser mecido brutalmente por las aguas y dan ganas de gritar como un condenado sin necesidad apenas de pensar lo que se dice.

Subo la ladera con una suave melancolía y el grito de las aguas de las que me alejo parece reprocharme mi indigencia amorosa, me siento un solterón empedernido. Sobre mi filosófica barba a lo Jack London la chiva más grande del hato se ríe de mi torpeza de trepador y otra vez el áspero quejido de un camión me saca de mi meditación de ermitaño.

Entrada la noche subo la última cuesta y me encuentro frente a la magnífica ciudad de Salta en cuyo desmedro sólo debe anotarse el hecho de que dé la bienvenida al turista la geométrica rigidez del cementerio.

jujuy:no,nose conoceasíaun pueblo...

Llego a Salta a las dos de la tarde y paso a visitar a mis amigos del hospital, quienes al saber que hice todo el viaje en un día se maravillaron, y entonces "qué ves" es la pregunta de uno de ellos. Una pregunta que queda sin contestación porque para eso fue formulada y porque no hay nada que contestar, porque la verdad es que, qué veo yo; por lo menos, no me nutro con las mismas formas que los turistas y me extraña ver en los mapas de propaganda, de Jujuy por ejemplo: el Altar de la Patria, la catedral donde se bendijo la enseña patria, la joya del púlpito y la milagrosa virgencita de Río Blanco y Pompeya, la casa en que fue muerto Lavalle, el Cabildo de la revolución, el Museo de la provincia, etc. No, no se conoce así a un pueblo, una forma y una interpretación de la vida, aquello es la lujosa cubierta, pero su alma está reflejada en los enfermos de los hospitales, los asilados en la comisaría o el peatón ansioso con quien se intima, mientras el Río Grande muestra su crecido cauce turbulento por debajo. Pero todo esto es muy largo de explicar y quién sabe si sería entendido. Doy las gracias y me dedico a visitar la ciudad que no conocí bien a la ida.

Y joven cronista Ernesto Guevara, al comienzo de sus *Notas de viaje*, nos propone: "Entendámonos". Y allí mismo nos advierte que "el personaje que escribió estas notas murió al pisar de nuevo tierra Argentina, el que las ordena y pule, 'yo', no soy yo; por lo menos no soy el mismo yo interior". Así, nos dice, le ha cambiado la mirada, le ha profundizado el análisis, le ha enriquecido el espíritu ese vagar sin rumbo por nuestra "Mayúscula América".

Tenía sólo 23 años cuando inició el recorrido, acompañado por su amigo Alberto Granado. Ha salido de la Argentina para mirar mundo, para completar paisajes y seguir buscando horizontes a la pasión y la curiosidad infinitas de su juventud. Presiente y anuncia un retorno final al país natal, que formaría parte de sus planes libertarios quince años más tarde: "Quizás algún día cansado de rodar por el mundo vuelva a instalarme en esta tierra argentina y entonces, si no como morada definitiva, al menos como lugar de tránsito hacia otra concepción del mundo, visitaré nuevamente y habitaré la zona de los lagos cordilleranos".

Los fragmentos que este libro ha reunido aquí transitan por algunas de las claves de aquella primera mirada a América Latina, "Mayúscula América": el descubrimiento asombrado de las civilizaciones precolombinas, la autoironía en el chaplinesco episodio del tigre chileno, a continuación del aprendizaje social y humano en el pasaje de La Gioconda, la celebración de otro año de su vida, ahora en tierra peruana, donde declara que la división de América en nacionalidades inciertas e ilusorias es completamente ficticia.

No caben dudas, por otra parte, sobre la pasión y la perseverancia de este cronista que adelanta en sus *Notas de viaje* los rasgos de su estilo testimonial y la conciencia de ese otro oficio que ejerce a plenitud.

En este viaje interminable se están forjando, a veces imperceptiblemente, diversos rasgos del joven que lo realiza. Vista desde la perspectiva más infalible del futuro, toda la vida de Ernesto parece ser eso: un largo viaje de aprendizajes y entregas, de búsquedas y combates, de retos y descubrimientos, de análisis y reafirmaciones.

En el viaje se va forjando también el escritor que el viajero esconde. A la sabiduría de los libros ya conocidos, se suman los hallazgos insustituibles que la vida propicia. El testimoniante Guevara —que nunca dejará de serlo— se asoma también a las atmósferas del misterio y las narra para nosotros, por ejemplo, en su *Acotación al margen*.

Esta narración sin fecha, colocada en este libro como cierre cronológico del viaje, resume interrogantes y certezas que todavía hoy rondan al ser humano en los inicios del siglo XXI. En esta crónica llena de misterio y de fuerza hay claves para desentrañar, mientras asistimos a un nuevo giro en la espiral del viajero. Después de escuchar las palabras de aquel hombre, llenas de luces y de sombras, el joven Ernesto hace su *acotación al margen*, para entonces y para todos los tiempos:

La noche, replegada al contacto de sus palabras, me tomaba nuevamente, confundiéndome en su ser; pero pese a sus palabras ahora sabía… sabía que en el momento en que el gran espíritu rector dé el tajo enorme que divida toda la humanidad en sólo dos fracciones antagónicas, estaré con el pueblo…

—VC

03

DE LOS VIAJES:

primera
mirada a
américa latina

entendámonos

No es este el relato de hazañas impresionantes, no es tampoco meramente un "relato un poco cínico"; no quiere serlo, por lo menos. Es un trozo de dos vidas tomadas en un momento en que cursaron juntas un determinado trecho, con identidad de aspiraciones y conjunción de ensueños. Un hombre en nueve meses de su vida puede pensar en muchas cosas que van de la más elevada especulación filosófica al rastrero anhelo de un plato de sopa, en total correlación con el estado de vacuidad de su estómago; y si al mismo tiempo es algo aventurero, en ese lapso puede vivir momentos que tal vez interesen a otras personas y cuyo relato indiscriminado constituiría algo así como estas notas.

Así, la moneda fue por el aire, dio muchas volteretas; cayó una vez "cara" y alguna otra "seca". El hombre, medida de todas las cosas, habla aquí por mi boca y relata en mi lenguaje lo que mis ojos vieron; a lo mejor sobre diez "caras" posibles sólo vi una "seca", o viceversa, es probable y no hay atenuantes; mi boca narra lo que mis ojos le contaron. ¿Que nuestra vista nunca fue panorámica, siempre fugaz y no siempre equitativamente informada, y los juicios son demasiado terminantes?: De acuerdo, pero esta es la interpretación que un teclado da al conjunto de los impulsos que llevaron a apretar las teclas y esos fugaces impulsos han muerto. No hay sujeto sobre quién ejercer el peso de la ley.

El personaje que escribió estas notas murió al pisar de nuevo tierra Argentina, el que las ordena y pule, "yo", no soy yo; por lo menos no soy el mismo yo interior. Ese vagar sin rumbo por nuestra "Mayúscula América" me ha cambiado más de lo que creí.

En cualquier libro de técnica fotográfica se puede ver la imagen de un paisaje nocturno en el que brilla la luna llena y cuyo texto explicativo nos revela el secreto de esa oscuridad a pleno sol, pero la naturaleza del baño sensitivo con que está cubierta mi retina no es bien conocida para el lector, apenas la intuyo yo, de modo que no se pueden hacer correcciones sobre la placa para averiguar el momento real en que fue sacada. Si presento un nocturno créanlo o revienten, poco importa, que si no conocen personalmente el paisaje fotografiado por mis notas, difícilmente conocerán otra verdad que la que les cuento aquí. Los dejo ahora conmigo mismo; el que fui...

ENTENDAMONOS

No és este el relato de hazañas impresionantes,no es tampoco meramente un"relato un poco cínico"; no quiere serlo,por lo menos. Es un ~~pedazo~~ trozo
de dos vidas tomadas en un momento en que cursaron juntas un determinado trecho,~~dxxxxxix~~ con identidad de aspiraciones y conjunción de sueños. Un hombre
en nueve meses de su vida puede pensar en muchas cosas que van de la más elevada especulación filosófica al rastrero anhelo de un plato de sopa,en total
correlación con el estado de ~~raplicción~~ oscuidad de su estomago; y si al mismo tiempo
es algo aventurero,en ese lapso puede~~x~~ ~~ocurrirle cosas~~ vivir momentos que talves ~~i~~nresen ~~a~~ to
otras personas y cuyo relato indiscriminado costituiria algo así como estas
notas.

Así,la moneda fué por el aire,dió muchas volteretas;cayó una vez
"cara" y alguna otra "seca"~~(el"canto"es una forma de equilibrio que el hombre~~
~~no adopta sino cuando está en fuga,como la moneda,hacia la alcantarilla de u-~~
~~na clase cualquiera).~~ El hombre,medida de todas las cosas,habla aquí por mi
boca y relata en mi lenguaje lo que mis ojos vieron; a lo mejor sobre diez "caras" posibles solo vi una "seca",o viceversa,es ~~posible~~ probable y no hay atenuantes;
mi boca narra lo que mis ojos le contaron. Nuestra vista nunca fué panorámica,
siempre fug~~z~~,y no siempre equitativamente informada,~~los juicios son demasiado
terminantes~~; de acuerdo,pero ésta es la interpretación que un teclado da al
conjunto de los impulsos que llevaron a apretar las teclas y esos fugaces impulsos han muerto. No hay sujeto sobre quien ejercer el peso de la ley. El
personaje que escribió estas notas murió al pisar de nuevo tierra Argentina,
el que las ordena y pule ~~iso~~,"yo",no soy yo;por lo menos no soy el mismo yo
interior.Ese vagar sin rumbo por nuestra "Mayuscula América" me ha ~~enseñado~~ cambiado
mas de lo que crei. Ante En cualquier libro de técnica fotográfica se puede ver la
imgen ~~foto~~ de un ~~precioso~~ pasle nocturno en el que brilla la luna llena y cuyo texto explicativo nos revela el secreto de ese ~~nocturno a medio día~~ oscuidad plenisol,pero la naturaleza del baño sensitivo conque está cubierta mi retina no es bien conocida por ~~nadie~~ el lector
apenas ~~yo~~ yo la intuyo,de modo que no se pueden hacer correcciones sobre la placa para averiguar el momento real en que fué sacada. Si presento un nocturno
creanlo o revienten,poco ~~m~~ importa,que si no conocen personalmente el paisaje fotografiado por mis notas,dificilmente conocerán otra verdad que las que
les cuento aquí. ~~Ahora~~ Los dejo ahora con mi mismo;el que fuí...

...mos muchas ganas de
algunos parajes
...ero sólo la selva
...nó tanto y tan fuerte a
nuestro Yo sedentario.

...con una fatalista
...en el hecho, que mi
...que nuestro sino, mejor
Alberto en eso es igual
...argo hay momentos en
...n profundo anhelo en las
...omarcas de nuestro sur.
...día cansado de rodar por
...va a instalarme en esta
...na y entonces, si no
...definitiva, al menos
...e tránsito hacia otra
...el mundo, visitaré
...habitaré la zona de los
...anos.

...ya, emprendimos el
...nalizó entrada la noche,
...os con la agradable
...e Don Pedro Olate, el
...traído un buen asado
...os, compramos vino,
...r al envite y devoramos
...para variar. Cuando
...olando de lo bueno que
...o y de lo pronto que
...comerlo en la forma
...a en que lo hacíamos en
...s dijo Don Pedro que
...ofrecido hacer la
...la que se agasajaría a
...s de automóviles que
...óximo domingo a
...arrera en el circuito de
...ecesitaría dos ayudantes
...el puesto.

A lo mejor no les pagan nada, pero pueden ir juntando 'asau' para después".

Nos pareció buena la idea y aceptamos los cargos de ayudante primero y segundo del "Taita de los asadores del sur argentino".

El domingo fue esperado como una unción religiosa por ambos ayudantes. A las seis de la mañana de ese día iniciamos nuestra tarea ayudando a cargar la leña en el camión que la llevaría al lugar del asado y no paramos de trabajar hasta las once en que se dio la señal definitiva y todos se lanzaron vorazmente sobre los apetitosos costillares.

Mandaba la batuta un personaje rarísimo a quien yo daba con todo respeto el título de señora cada vez que le dirigía la palabra, hasta que uno de los comensales me dijo: "Che pibe, no cargués tan fuerte a Don Pendón que se puede cabrear".

¿Quién es Don Pendón? dije haciendo con los dedos esa interrogante del que dicen es de mala educación. La respuesta: Don Pendón era la "señora", me dejó frío, pero por poco tiempo. El asado, como siempre ocurre, sobraba para el número de invitados, de manera que teníamos carta blanca para seguir nuestra vocación de camellos.

Seguíamos además un plan cuidadosamente calculado. A cada rato mostraba que aumentaban los síntomas de mi borrachera sui géneris y en cada ataque me iba bamboleante

...hasta el arroyo, con una bo
tinto bajo la campera de c...

Cinco ataques de este tipo
y otros tantos litros de tin...
quedaron bajo la sombra d...
mimbre, refrescándose en...
cercano. Cuando todo se a...
el momento de cargar las c...
el camión para volver al pu...
consecuente en mi papel, ...
regañadientes, me peleé co...
Pendón y al final, quedé ti...
el pasto, incapaz de dar un...
Alberto, buen amigo, me c...
ante el jefe y se quedó a cu...
mientras el camión partía. ...
ruido del motor se perdió ...
salimos como potros a bus...
vinacho que garantizaría u...
oligárquica comida regada...
llegó primero y se lanzó so...
mimbre: su cara era de pel...
cómica, ni una sola botella...
en su sitio. Mi borrachera ...
habría engañado a alguno ...
participantes, o me habría ...
escamotear el vino, lo cier...
estábamos tan pelados con...
repasando mentalmente la...
con que se acogían mis mo...
de borracho para encontra...
la ironía sobradora del ladr...
resultado. Cargando un po...
queso que nos habían rega...
kilogramos de carne para l...
tuvimos que llegar a pie al...
bien comidos, bien bebido...
una enorme depresión inte...
que por el vino, por la cach...
nos habían hecho; ¡palabra

La "Poderosa II", otro de sus
Rocinantes. Córdoba, 1951.

porelcamino delossietelagos

Decidimos ir a Bariloche por la ruta denominada de los siete lagos, pues este es el número de ellos que bordea antes de llegar a la ciudad. Y siempre con el paso tranquilo de la Poderosa hicimos los primeros kilómetros sin tener otro disgusto que accidentes mecánicos de menor importancia hasta que, acosados por la noche, hicimos el viejo cuento del farol roto en una caída para dormir en la casita del caminero, "rebusque" útil porque el frío se sintió esa noche con inusitada aspereza. Tan fuerte era el "tornillo" que pronto cayó un visitante a pedir alguna manta prestada, porque él y su mujer acampaban en la orilla del lago y se estaban helando. Fuimos a tomar unos mates en compañía de la estoica pareja que en una carpa de montaña y con el escaso bagaje que cupiera en sus mochilas vivían en los lagos desde un tiempo atrás. Nos acomplejaron. Reiniciamos la marcha bordeando lagos de diferentes tamaños, rodeados de bosques antiquísimos; el perfume de la naturaleza nos acariciaba las fosas nasales; pero ocurre un hecho curioso: se produce un empalagamiento de lago y bosque y casita solitaria con jardín cuidado. La mirada superficial tendida sobre el paisaje, capta apenas su uniformidad aburrida sin llegar a ahondar en el espíritu mismo del monte, para lo cual se necesita estar varios días en el lugar.

Al final, llegamos a la punta norte del lago Nahuel Huapi y dormimos en su orilla, contentos y ahítos después del asado enorme que habíamos consumido. Pero al reiniciar la marcha, notamos una pinchadura en la rueda trasera y allí se inicio una tediosa lucha con la cámara: cada vez que emparchábamos mordíamos en otro lado la goma, hasta acabar los parches y la noche en el sitio en que amaneciéramos. Un casero austríaco que había sido corredor de motos en su juventud, luchando entre sus deseos de ayudar a colegas en desgracia y su miedo a la patrona, nos dio albergue en un galpón abandonado. En su media lengua nos contó que por la región había un tigre chileno.

— ¡Y los tigres chilenos son bravos! Atacan al hombre sin ningún miedo y tienen una enorme melena rubia.

Cuando fuimos a cerrar la puerta nos encontramos que sólo la parte inferior cerraba, era como un box de caballos. El revólver fue puesto a mi cabecera por si el león chileno, cuya sombra ocupaba nuestros cerebros, decidía hacernos una intempestiva visita de medianoche.

Estaba clareando ya cuando me despertó el ruido de unas garras que arañaban la puerta. Alberto a mi lado era todo silencio aprensivo. Yo tenía la mano crispada sobre el revólver gatillado, mientras dos ojos fosforescentes me miraban, recortados en las sombras de los árboles. Como impulsado por un resorte felino se lanzaron hacia adelante, mientras el bulto negro del cuerpo se escurría sobre la puerta. Fue algo instintivo, donde rotos los frenos de la inteligencia, el instinto de conservación apretó el gatillo: el trueno golpeó un momento contra las paredes y encontró el agujero con la linterna encendida, llamándonos desesperadamente: pero nuestro silencio tímido sabía su razón de ser y adivinaba ya los gritos estentóreos del casero y los histéricos gemidos de su mujer echada sobre el cadáver de Boby, perro antipático y gruñón.

Alberto fue a Angostura para arreglar la cubierta y yo debía pasar la noche al raso ya que él volvía y me era imposible pedir albergue en la casa donde éramos asesinos. Un camionero me lo dio, cerca de la moto y me acosté en la cocina con un amigo suyo. A medianoche sentí ruido de lluvia y fui a levantarme para tapar la moto con una lona, pero antes, molesto por el pellón que tenía de almohada, decidí darme unos bombazos con el insuflador y así lo hice, en momentos en que el compañero de pieza se despertaba, al sentir el soplido pegó un respingo y quedó silencioso. Yo adivinaba su cuerpo, tieso bajo las mantas empuñando el cuchillo, sin respirar siquiera. Con la experiencia de la noche anterior decidí quedarme quieto por miedo a la puñalada, no fuera que el espejismo fuera un contagio de la zona.

lasonrisa delagioconda

Esta era una nueva parte de la aventura; estábamos acostumbrados a llamar la atención de los ociosos con nuestros originales atuendos y la prosaica figura de la Poderosa II* cuyo asmático resoplido llenaba de compasión a nuestros huéspedes, pero, hasta cierto punto, éramos los caballeros del camino. Pertenecíamos a la rancia aristocracia "vagueril"** y traíamos la tarjeta de presentación de nuestros títulos que impresionaban inmejorablemente. Ahora no, ya no éramos más que dos linyeras con el "mono" a cuestas y con toda la mugre del camino condensada en los mamelucos, resabio de nuestra aristocrática condición pasada. El conductor del camión nos había dejado en la parte alta de la ciudad, a la entrada, y nosotros, con paso cansino, arrastrábamos nuestros bultos calle abajo seguidos por la mirada divertida e indiferente de los transeúntes. El puerto mostraba a lo lejos su tentador brillo de barco

mientras el mar, negro y cordial, nos llamaba a gritos con su olor gris que dilataba nuestras fosas nasales. Compramos pan —el mismo que tan caro nos parecía en ese momento y encontraríamos tan barato al llegar más lejos aún—, y seguimos calle abajo. Alberto mostraba su cansancio y yo, sin mostrarlo, lo tenía tan positivamente instalado como el suyo, de modo que al llegar a una playa para camiones y automóviles asaltamos al encargado con nuestras caras de tragedia, contando con el florido lenguaje de los padecimientos soportados en la ruda caminata desde Santiago. El viejo nos cedió un lugar para dormir, sobre unas tablas, en comunidad con algunos parásitos de esos cuyo nombre acaba en Hominis, pero bajo techo; atacamos al sueño con resolución. Sin embargo, nuestra llegada había impresionado el oído de un compatriota instalado en la fonda adjunta, el que se apresuró a llamarnos para conocernos. Conocer en Chile

significa convidar y ninguno de los dos estaba en condiciones de rechazar el maná. Nuestro paisano demostraba estar profundamente compenetrado con el espíritu de la tierra hermana y consecuentemente, tenía una curda de órdago. Hacía tanto tiempo que no comía pescado, y el vino estaba tan rico, y el hombre era tan obsequioso; bueno, comimos bien y nos invitó a su casa para el día siguiente.

Temprano La Gioconda abrió sus puertas y cebamos nuestros mates charlando con el dueño que estaba muy interesado en el viaje. Enseguida, a conocer la ciudad. Valparaíso es muy pintoresca, edificada sobre la playa que da a la Bahía, al crecer, ha ido trepando los cerros que mueren en el mar. Su extraña arquitectura de zinc, escalonada en gradas que se unen entre sí por serpenteantes escaleras o por funiculares, ve realzada su belleza de museo de manicomio por el contraste que forman los diversos coloridos de las casas que se mezclan con el azul plomizo de la bahía. Con paciencia de disectores husmeamos en las escalerillas sucias y en los huecos, charlamos con los mendigos que pululan: auscultamos el fondo de la ciudad. Las mismas que nos atraen. Nuestras narices distendidas captan la miseria con fervor sádico. [...]

Tratábamos de establecer contacto directo con los médicos de Petrohué pero estos, vueltos a sus quehaceres y sin tiempo para perder, nunca se avenían a una entrevista formal, sin embargo ya los habíamos localizado más o menos bien y esa tarde nos dividimos: mientras Alberto les seguía los pasos yo me fui a ver una vieja asmática que era clienta de La Gioconda. La pobre daba lástima, se respiraba en su pieza ese olor acre de sudor concentrado y patas sucias, mezclado al polvo de unos sillones, única paquetería de la casa. Sumaba a su estado asmático una regular descompensación cardíaca. En estos casos es cuando el médico, consciente de su total inferioridad frente al medio, desea un cambio de cosas, algo que suprima la injusticia que supone el que la pobre vieja hubiera estado sirviendo hasta hacía un mes para ganarse el sustento, hipando y penando, pero manteniendo frente a la vida una actitud erecta. Es que la adaptación al medio hace que en las familias pobres el miembro de ellas incapacitado para ganarse el sustento se vea rodeado de una atmósfera de acritud apenas disimulada; en ese momento se deja de ser padre, madre o hermano para convertirse en un factor negativo en la lucha por la vida y como tal, objeto del rencor de la comunidad sana que le echará su enfermedad como si fuera un insulto personal a los que deben mantenerlo. Allí, en estos últimos momentos de gente cuyo horizonte más lejano fue siempre el día de mañana, es donde se capta la profunda tragedia que encierra la vida del proletariado de todo el mundo; hay en esos ojos moribundos un sumiso pedido de disculpas y también, muchas veces, un desesperado pedido de consuelo que se pierde en el vacío, como se perderá pronto su cuerpo en la magnitud del misterio que nos rodea. Hasta cuándo seguirá este orden de cosas basado en un absurdo sentido de casta es algo que no está en mí contestar pero es hora de que los gobernantes dediquen menos tiempo a la propaganda de sus bondades como régimen y más dinero, muchísimo más dinero, a solventar obras de utilidad social. Mucho no puedo hacer por la enferma: simplemente le doy un régimen aproximado de comidas y le receto un diurético y unos polvos antiasmáticos. Me quedan unas pastillas de dramamina y se las regalo. Cuando salgo, me siguen las palabras zalameras de la vieja y las miradas indiferentes de los familiares.

* Motocicleta empleada al inicio del recorrido.

** Vago, en lenguaje popular argentino.

estavez, fracaso

Lo veo ahora, patente, el capitán borracho, como toda su oficialidad y el bigotudo patrón de la embarcación vecina, con su gesto adusto por el vino malo y la risa furiosa de los presentes mientras relataban nuestra odisea: son unos tigres, oye; y seguro que ahora están en tu barco, ya lo verás en altamar. Esta frase o una parecida tiene que haber deslizado el capitán a su colega y amigo. Pero nosotros no sabíamos nada, faltaba sólo una hora para que zarpara el barco y estábamos perfectamente instalados, cubiertos totalmente por una tonelada de perfumados melones, comiendo a tres carrillos. Conversábamos sobre lo gaucho que eran los "maringotes" ya que con la complicidad de uno de ellos habíamos podido subir y escondernos en tan seguro lugar, cuando oímos la voz airada y un par de bigotes, que se nos antojaron mayores, en aquel momentos emergieron de quién sabe qué ignoto lugar sumiéndonos en una confusión espantosa. La larga hilera de cáscara de melón perfectamente pulida flotaba en fila india sobre el mar tranquilo. Lo demás fue ignominioso. Después nos decía el marinero: —Yo lo hubiera desorientado, muchachos, pero vio los melones y al tiro inició una p. que no se salvó la madre ni de su hijo, creo. Tiene un vino malo el capitán, muchachos. Y después (como con vergüenza)... —¡No hubieran comido tanto melón muchachos!

Uno de nuestros viejos compañeros de San Antonio resumió toda su brillante filosofía en esta galana frase: —Compañeros, están a la hueva de puros huevones, ¿por qué no se dejan de huevadas y se van a su huevona tierra? Y algo así hicimos: tomamos los bártulos y partimos rumbo a Chuquicamata, la famosa mina de cobre.

Pero no era una sola jornada. Hubo un paréntesis de un día en el cual fuimos despedidos como corresponde por los entusiastas marineros báquicos.

Tumbados bajo la sombra magra de dos postes de luz, al principio del árido camino que conduce a los yacimientos, pasamos buena parte del día intercambiando algún grito de poste a poste, hasta que se dibujó en el camino la silueta asmática del camioncito que nos llevó hasta la mitad del recorrido, un pueblo llamado Baquedano.

Allí nos hicimos amigos de un matrimonio de obreros chilenos que eran comunistas. A la luz de una vela con que nos alumbrábamos para cebar el mate y comer un pedazo de pan y queso, las facciones contraídas del obrero ponían una nota misteriosa y trágica, en su idioma sencillo y expresivo contaba de sus tres meses en la cárcel, de la mujer hambrienta que lo seguía con ejemplar lealtad, de sus hijos, dejados en la casa de un piadoso vecino, de su infructuoso peregrinar en busca de trabajo, de los compañeros misteriosamente desaparecidos, de los que se cuentan que fueron fondeados en el mar.

El matrimonio aterido, en la noche del desierto, acurrucado uno contra el otro, era una viva representación del proletariado de cualquier parte del mundo. No tenían ni una mísera manta con que taparse, de modo que les dimos una de las nuestras y en la otra nos arropamos como pudimos Alberto y yo. Fue esa una de las veces en que he pasado mas frío, pero también, en la que me sentí un poco más hermanado con esta, para mí, extraña especie humana.

A las 8 de la mañana conseguimos el camión que nos llevara hasta el pueblo de Chuquicamata y nos separamos del matrimonio que estaba por ir a las minas de azufre de la cordillera; allí donde el clima es tan malo y las condiciones de vida son tan penosas que no se exige carnet de trabajo ni se le pregunta a nadie cuáles son sus ideas políticas. Lo único que cuenta es el entusiasmo con que el obrero vaya a arruinar su vida a cambio de las migajas que le permiten la subsistencia.

A pesar de que se había perdido la desvaída silueta de la pareja en la distancia que nos separaba, veíamos todavía la cara extrañamente decidida del hombre y recordábamos su ingenua invitación: —Vengan camaradas, comamos juntos, vengan, yo también soy atorrante—, con que nos mostraba en el fondo su desprecio por el parasitismo que veía en nuestro vagar sin rumbo.

Realmente apena que se tomen medidas de represión para las personas como ésta. Dejando de lado el peligro que puede ser o no para la vida sana de una colectividad, "el gusano comunista", que había hecho eclosión en él, no era nada más que un natural anhelo de algo mejor, una protesta contra el hambre inveterada

"Ustedes llegarán donde se propongan, tienen pasta..." Santiago de Chile, 1952.

traducida en el amor a esa doctrina extraña cuya esencia no podría nunca comprender, pero cuya traducción: "pan para el pobre" eran palabras que estaban a su alcance, más aún, que llenaban su existencia.

Y aquí los amos, los rubios y eficaces administradores impertinentes que nos decían en su media lengua: —Esto no es una ciudad turística, les daré una guía que les muestre las instalaciones en media hora y después harán el favor de no molestarnos más, porque tenemos mucho trabajo. La huelga se venía encima. Y el guía, el perro fiel de los amos yanquis: "Gringos imbéciles, pierden miles de pesos diarios en una huelga, por negarse a dar unos centavos más a un pobre obrero, cuando suba mi general Ibáñez esto se va a acabar". Y un capataz poeta: "esas son las famosas gradas que permiten el aprovechamiento total del mineral de cobre, mucha gente como ustedes me pregunta muchas cosas técnicas, pero es raro que averigüen cuántas vidas ha costado, no puedo contestarle, pero muchas gracias por la pregunta, doctores".

Eficacia fría y rencor impotente van mancomunados en la gran mina, unidos a pesar del odio por la necesidad común de vivir y especular de unos y de otros, veremos si algún día, algún minero tome un pico con placer y vaya a envenenar sus pulmones con consciente alegría. Dicen que allá, de donde viene la llamarada roja que deslumbra hoy al mundo, es así, eso dicen. Yo no sé.

chile, ojeadadelejos

Al hacer estas notas de viaje, en el calor de mi entusiasmo primero y escritas con la frescura de lo sentido, escribí algunas extravagancias y en general creo haber estado bastante lejos de lo que un espíritu científico podría aprobar. De todas maneras, no me es dado ahora, a más de un año de aquellas notas, dar la idea que en este momento tengo sobre Chile; prefiero hacer una síntesis de lo que escribí antes.

Empecemos por nuestra especialidad médica: El panorama general de la sanidad chilena deja mucho que desear (después supe que era muy superior a la de otros países que fui conociendo). Los hospitales absolutamente gratuitos son muy escasos y en ellos hay carteles como el siguiente: "¿Por qué se queja de la atención si usted no contribuye al sostenimiento de este hospital?" A pesar de esto, en el norte suele haber atención gratuita pero el pensionado es lo que prima; pensionado que va desde cifras irrisorias, es cierto, hasta verdaderos monumentos al robo legal. En la mina de Chuquicamata los obreros accidentados o enfermos gozan de asistencia médica y socorro hospitalario por la suma de 5 escudos diarios (chilenos), pero los internados ajenos a la Planta pagan entre 300 y 500 diarios. Los hospitales son pobres, carecen en general de medicamentos y salas adecuadas. Hemos visto salas de operaciones mal alumbradas y hasta sucias y no en pequeños sino en el mismo Valparaíso. El instrumental es insuficiente. Los baños muy sucios. La conciencia sanitaria de la nación es escasa. Existe en Chile (después lo vi en toda América prácticamente), la costumbre de no tirar los papeles higiénicos usados a la letrina, sino afuera, en el suelo o en cajones puestos para eso.

El estado social del pueblo chileno es más bajo que el del argentino. Sumado a los bajos salarios que se pagan en el sur, existe la escasez de trabajo y el poco amparo que las autoridades brindan al trabajador (muy superior, sin embargo, a la que brindan las del norte de América del Sur), hecho que provoca verdaderas olas de emigración chilena a la Argentina en busca del soñado país del oro que una hábil propaganda política se ha encargado de mostrar a los habitantes del lado oeste de los Andes. En el norte se paga mejor al obrero en las minas de cobre, salitre, azufre, oro, etc., pero la vida es mucho más cara, se carece en general de muchos artículos de consumo de primera necesidad y las condiciones climáticas son muy bravas en la montaña. Recuerdo el sugestivo encogimiento de hombros con que un jefe de la mina Chuquicamata contestó a mis preguntas sobre la indemnización pagada a la familia de los 10.000 o más obreros sepultados en el cementerio de la localidad.

El panorama político es confuso (esto fue escrito antes de las elecciones que dieran el triunfo a Ibáñez), hay cuatro aspirantes al mando, de los cuales Carlos Ibáñez del Campo parece ser el primer ganador; es un militar retirado con tendencias dictatoriales y miras políticas parecidas a las de Perón que inspira al pueblo un entusiasmo de tipo caudillesco. Basa su acción en el Partido Socialista Popular, al que se unen fracciones menores. El segundo lugar, a mi manera de ver, estará ocupado por Pedro Enrique Alfonso, candidato del oficialismo, de política ambigua, al parecer amigo de los americanos y de coquetear con los demás partidos políticos. El abanderado del derechismo es Arturo Matte Larraín, potentado que es yerno del difunto Presidente Alessandri y cuenta con el apoyo de todos los sectores reaccionarios de la

población. En último término está Salvador Allende, candidato del Frente del Pueblo, que tiene el apoyo de los comunistas, los que han visto mermados sus cuadros en 40 000 votos, que es la cifra de las personas despojadas del derecho a votar por haber sido afiliados a dicho partido.

Es probable que el Sr. Ibáñez haga una política de latinoamericanismo y se apoye en el odio a Estados Unidos para conseguir popularidad y la nacionalización de las minas de cobre y otros minerales (el conocimiento de los enormes yacimientos que lo americanos tienen en el Perú, prácticamente listos para empezar la producción, disminuyó mucho mi confianza en que sea factible la nacionalización de esas minas, por lo menos en un plazo breve), completar la del ferrocarril, etc. y aumentar en gran proporción el intercambio argentino–chileno.

Como país, Chile ofrece posibilidades económicas a cualquier persona de buena voluntad que no pertenezca al proletariado, vale decir, que acompañe su trabajo de cierta dosis de cultura o preparación técnica. Tiene en su territorio facilidad para sustentar la cantidad suficiente de ganado como para abastecerse (lanar sobre todo), cereales en cantidad aproximadamente necesaria y minerales como para convertirse en un poderoso país industrial, ya que tiene minas de hierro, cobre, hulla, estaño, oro, plata, manganeso, salitre. El esfuerzo mayor que debe hacer es sacudirse el incómodo amigo Yanqui de las espaldas y esa tarea es, al menos por el momento, ciclópea, dada la cantidad de dólares invertidos por estos y la facilidad con que pueden ejercer una eficaz presión económica en el momento en que sus intereses se vean amenazados.

elombligo

La palabra que cuadra como definición del Cuzco es evocación. Un impalpable polvo de otras eras sedimenta entre sus calles, levantándose en disturbios de lagunas fangosas cuando se holla su *sustratum*. Pero hay dos o tres Cuzcos, o mejor dicho, dos o tres formas de evocación en él: cuando Mama Ocllo dejó caer el clavo de oro en la tierra y este se enterró en ella totalmente, los primeros incas supieron que allí estaba el lugar elegido por Viracocha para domicilio permanente de sus hijos preferidos que dejaban el nomadismo para llegar como conquistadores a su tierra prometida. Con las narices dilatadas en ambición de horizontes, vieron crecer el imperio formidable mientras la vista atravesaba la afable barrera de las montañas circunvecinas. Y el nómada converso al expandirse en Tahuantinsuyo, fue fortificando el centro de los territorios conquistados, el ombligo del mundo, Cuzco. Y así surgió, por imperio de las necesidades defensivas, la imponente Sacsahuamán que domina la ciudad desde las alturas, protegiendo los palacios y templos de los enemigos del imperio. Ese es el Cuzco cuyo recuerdo emerge plañidero desde la fortaleza destrozada por la estupidez del conquistador analfabeto, desde los templos violados y destruidos, los palacios saqueados, la raza embrutecida; es el que invita a ser guerrero y defender, macana en mano, la libertad y la vida del inca. Pero hay un Cuzco que se ve desde lo alto, desplazando a la derruida fortaleza: el de los techos de tejas coloradas cuya suave uniformidad es rota por la cúpula de una iglesia barroca, y que en descenso nos muestra sólo sus calles estrechas con la vestimenta típica de sus habitantes y su color de cuadro localista; es el que invita a ser turista desganado, a pasar superficialmente sobre él y solazarse en la belleza de un invernal cielo plomizo. Pero también hay un Cuzco vibrante que enseña en sus monumentos el valor formidable de los guerreros que conquistaron la región, el que se expresa en los museos y bibliotecas, en los decorados de las iglesias y en las facciones claras de los jefes blancos que aún hoy muestran el orgullo de la conquista; es el que invita a ceñir el acero y montado en caballo de lomo amplio y poderoso galope hundir la carne en defensa de la grey desnuda cuya muralla humana se debilita y desaparece bajo los cuatro cascos de la bestia. Cada uno de ellos se puede admirar por separado, y a cada uno le dedicamos parte de nuestra estadía.

Hacia el ombligo del mundo.
El Cuzco, Perú, 1952.

el señor delostemblores

Desde la catedral se oiría por primera vez, luego del terremoto la María Angola, famosa campana que se cuenta entre las más grandes del mundo y que tiene en su masa 27 kilogramos de oro, según cuenta la tradición. Parece que fue donada por una matrona llamada María Angulo, pero el nombre resultaba demasiado eufónico y quedó el que ahora tiene.

Los campanarios de la catedral, derribados por el terremoto de 1950, habían sido reconstruidos por cuenta del gobierno del general Franco y en prueba de gratitud se ordenó a la banda ejecutar el himno español. Sonaron los primeros acordes y se vio el bonete rojo del obispo encarnarse más aún mientras sus brazos se movían como los de una marioneta: "Paren, paren, hay un error", decía, mientras se oía la indignada voz de un gaita: "Dos años trabajando, ¡para esto!" La banda —no sé si bien o mal intencionada—, había iniciado la ejecución del himno republicano.

Por la tarde sale de su mansión en la catedral, el Señor de los Temblores, que no es más que una imagen de un Cristo retinto, la cual es paseada por toda la ciudad y llevada en peregrinaje a los principales templos. Una cantidad de gandules rivalizan en tirarle al paso puñados de una florecita que crece abundantemente en las laderas de los cerros cercanos a las que los naturales llaman nucchu. El rojo violento de las flores, el bronceado subido del Señor de los Temblores y el plateado del altar dan a la procesión un aspecto de fiesta pagana, a la cual se suman los trajes multicolores de los indios que para la ocasión visten sus mejores galas tradicionales como expresión de una cultura o tipo de vida que aún cuenta con valores vivos. En contraste con aquellos, hay una serie de indios con vestimentas europeas que, portando estandartes, marchan a la cabeza de la procesión. Los rostros cansados y melindrosos semejan una imagen de aquellos que desoyendo el llamado de Manco II se plegaron a Pizarro, ahogando en la degradación del vencido su orgullo de raza independiente.

Sobre la pequeña talla de los nativos agrupados al paso de la columna, emerge, de vez en cuando, la rubia cabeza de un norteamericano que, con su máquina fotográfica y su camisa *sport* parece (y en realidad lo es) un corresponsal de otro mundo en este apartado de los Incas.

En la tierra del Inca, carretera de Taratá a Puno, Perú, 1952.

"La balsa partía... llevando de tripulantes a nosotros dos..." Río Amazonas, 1952.

eldíadesanguevara

El día sábado 14 de junio de 1952, yo, fulano, exiguo, cumplí 24 años, vísperas del trascendental cuarto de siglo, bodas de plata con la vida, que no me ha tratado tan mal, después de todo. Tempranito me fui al río a repetir suerte con los pescados, pero este deporte es como el juego: el que empieza ganando va perdiendo. Por la tarde jugamos un partido de fútbol en el que ocupé mi habitual plaza de arquero con mejor resultado que las veces anteriores. Por la noche, después de pasar por la casa del doctor Bresani que nos invitó con una rica y abundante comida, nos agasajaron en el comedor nuestro con el licor nacional, el pisco, del cual Alberto tiene precisa experiencia por sus efectos sobre el sistema nervioso central. Ya picaditos todo los ánimos, el director de la Colonia brindó por nosotros en una manera muy

simpática y yo, "pisqueado", elaboré más o menos lo que sigue:

Bueno, es una obligación para mí el agradecer con algo más que con un gesto convencional, el brindis que me ofrece el Dr. Bresani. En las precarias condiciones en que viajamos, sólo queda como recurso de la expresión afectiva la palabra, y es empleándola que quiero expresar mi agradecimiento, y el de mi compañero de viaje, a todo el personal de la colonia, que, casi sin conocernos, nos ha dado esta magnífica demostración de afecto que significa para nosotros la deferencia de festejar nuestro cumpleaños, como si fuera la fiesta íntima de alguno de ustedes. Pero hay algo más; dentro de pocos días dejaremos el territorio peruano, y por ello estas palabras toman la significación secundaria de una despedida, en la cual pongo todo mi empeño en expresar nuestro reconocimiento a todo el pueblo de este

país, que en forma ininterrumpida nos ha colmado de agasajos, desde nuestra entrada por Tacna. Quiero recalcar algo más, un poco al margen del tema de este brindis: aunque lo exiguo de nuestras personalidades nos impide ser voceros de su causa, creemos, y después de este viaje más firmemente que antes, que la división de América en nacionalidades inciertas e ilusorias es completamente ficticia. Constituimos una sola raza mestiza que desde México hasta el estrecho de Magallanes presenta notables similitudes etnográficas. Por eso, tratando de quitarme toda carga de provincialismo exiguo, brindo por Perú y por América Unida.

Grandes aplausos coronaron mi pieza oratoria. La fiesta, que en estas regiones consisten en tomar la mayor cantidad posible de alcohol, continuó hasta las 3 de la mañana, hora en que plantamos bandera.

este extraño siglo veinte

Ya ha pasado lo peor del ataque asmático y me siento casi bien, no obstante de vez en cuando recurro a la nueva adquisición, el insuflador francés. La ausencia de Alberto se siente extraordinariamente. Parece como si mis flancos estuvieran desguarnecidos frente a cualquier hipotético ataque. A cada momento doy vueltas a la cabeza para deslizarle una observación cualquiera y recién entonces me doy cuenta de la ausencia.

Sí, realmente no hay mucho de que quejarse; atención esmerada, buena comida, abundante también, y la esperanza de volver pronto para reiniciar los estudios y obtener de una buena vez el título habilitante, y sin embargo, la idea de separarme en forma definitiva no me hace del todo feliz; es que son muchos meses que en las buenas y malas hemos marchado juntos y la costumbre de soñar cosas parecidas en situaciones similares nos ha unido aún más.

Siempre con mis pensamientos girando en torno a nuestro problema me voy alejando insensiblemente de la zona céntrica de Caracas. Ya las casas residenciales se van espaciando.

Caracas se extiende a lo largo de un angosto valle que la ciñe y la oprime en sentido transversal, de modo que, a poco andar se inicia la trepada de los cerros que la circundan y la progresista ciudad queda tendida a nuestros pies, mientras se inicia un nuevo aspecto de su faz multifacético. Los negros, los mismos magníficos ejemplares de la raza africana que han mantenido su pureza racial gracias al poco apego que le tienen al baño, han visto invadidos sus reales por un nuevo ejemplar de esclavo: el portugués. Y las dos viejas razas han iniciado una dura vida en común poblada de rencillas y pequeñeces de toda índole. El desprecio y la pobreza los une en la lucha cotidiana, pero el diferente modo de encarar la vida los separa completamente; el negro indolente y soñador, se gasta sus pesitos en cualquier frivolidad o en "pegar unos palos", el europeo tiene una tradición de trabajo y de ahorro que lo persigue hasta este rincón de América y lo impulsa a progresar, aun independientemente de sus propias aspiraciones individuales.

Ya las casas de concreto han desaparecido totalmente y sólo los ranchos de adobe reinan en la altura. Me asomo a uno de ellos: es una pieza separada a medias por un tabique donde están el fogón y una mesa, unos montones de paja en el suelo parecen constituir las camas; varios gatos esqueléticos y un perro sarnoso juegan con tres negritos completamente desnudos. Del fogón sale un humo acre que llena todo el ambiente. La negra madre, de pelo ensortijado y tetas lacias, hace la comida ayudada por una negrita quinceañera que está vestida. Entramos en conversación en la puerta del rancho y al rato les pido que posen para una foto pero se niegan terminadamente a menos que se las entregue en el acto; en vano les explico que hay que revelarlas antes, o se las entrego allí o no hay caso. Al fin les prometo dárselas enseguida pero ya han entrado en sospechas y no quieren saber nada. Uno de los negritos se escabulle y se va a jugar con los amigos mientras yo sigo discutiendo con la familia, al final me pongo de guardia en la puerta con la máquina cargada y amenazo a todos los que asoman la cabeza. Así jugamos un rato hasta que veo al negrito huido que se acerca despreocupadamente montando una bicicleta nueva; apunto y disparo al bulto pero el efecto es feroz: para eludir la foto el negrito se inclina y se viene al suelo, soltando el moco al instante; inmediatamente todos pierden el miedo a la cámara y salen atropelladamente a insultarme. Me alejo con cierto desasosiego, ya que son grandes tiradores de piedras, perseguido por los insultos del grupo, entre los que se destaca, como expresión máxima de desprecio, éste: Portugueses.

A los lados del camino se ven colocados cajones de transporte de automóviles que los portugueses usan como viviendas; en uno de ellos, habitado por negros, se alcanza a ver una reluciente frigidaire y en muchos se escucha la música de las radios que los dueños ponen con la máxima intensidad posible.

Automóviles relucientes descansan en las puertas de viviendas completamente miserables. Los aviones de todo tipo pasan sembrando el aire de ruidos y reflejos plateados, y allí a mis pies, Caracas, la ciudad de la eterna primavera, ve amenazado su centro por los reflejos rojos de los techos de teja que convergen hacia ese punto mezclados con los techos planos de las construcciones de estilo moderno, pero hay algo que permitirá vivir al anaranjado de sus edificios coloniales, aun despúes de haber desaparecido del mapa: su espíritu impermeable al mecanismo del norte y reciamente fincado en su retrógrada condición semipastoril del tiempo de la colonia.

acotación
margen

Las estrellas veteaban de luz el cielo de aquel pueblo serrano y el silencio y el frío materializaban la oscuridad. Era —no sé bien cómo explicarlo— como si toda sustancia sólida se volatilizara en el espacio etéreo que nos rodeaba, que nos quitaba la individualidad y nos sumía, yertos, en la negrura inmensa. No había una nube que, bloqueando una porción del cielo estrellado, diera perspectiva al espacio. Apenas a unos metros, la mortecina luz de un farol desteñía las tinieblas circundantes.

La cara del hombre se perdía en las sombras, sólo emergían unos como destellos de sus ojos y la blancura de los cuatro dientes delanteros, todavía no sé si fue el ambiente o la personalidad del individuo lo que me preparó para recibir la revelación, pero sé que los argumentos empleados los había oído muchas veces esgrimidos por personas diferentes y nunca me habían impresionado. En

realidad, era un tipo interesante nuestro interlocutor; desde joven huido de un país de Europa para escapar al cuchillo dogmatizante, conocía el sabor del miedo (una de las pocas experiencias que hacen valorar la vida), después, rondando de país en país y compilando miles de aventuras había dado con sus huesos en la apartada región y allí esperaba pacientemente el momento del gran acontecimiento.

Luego de las frases triviales y los lugares comunes con que cada uno planteó su posición, cuando ya languidecía la discusión y estábamos por separarnos, dejó caer, con la misma risa del chico pícaro que siempre lo acompañaba, acentuando la disparidad de sus cuatro incisivos delanteros: "El porvenir es del pueblo y poco a poco o de golpe va a conquistar el poder aquí y en toda la tierra. Lo malo es que él tiene que civilizarse y eso no se puede hacer

antes sino después de tomarlo. Se civilizará sólo aprendiendo a costa de sus propios errores que serán muy graves, que costarán muchas vidas inocentes. O tal vez no, tal vez no sean inocentes porque cometerán el enorme pecado contra natura que significa carecer de capacidad de adaptación. Todos ellos, todos los inadaptados, usted y yo, por ejemplo, morirán maldiciendo el poder que contribuyeron a crear con sacrificio, a veces enorme. Es que la revolución como su forma impersonal, les tomará la vida y hasta utilizará la memoria que de ellos quede como ejemplo e instrumento domesticatorio de las juventudes que surjan. Mi pecado es mayor, porque yo, más sutil o con mayor experiencia, llámelo como quiera, moriré sabiendo que mi sacrificio obedece sólo a una obstinación que simboliza la civilización podrida que se derrumba y que lo mismo, sin que se modificara

ACOTACION AL MARGEN

~~No había nada de acebiante en la noche.~~ Las estrellas veteaban de
luz el cielo de aquel pueblo serrano y el silencio y el frío in-
rializaban la oscuridad. Era-no se bien como explicarlo-como si ~~se~~
~~sentido del los hombres~~ se volatilizara en el espacio etéreo que n s ro
deaba,que nos quitaba la individualidad y nos sumía,yertos,en la ~~in-~~
~~mensidad sin límites de lo desconocido.~~ No había una nube que,bloqu-
eando una poción de cielo estrellado,diera perspectiva al espacio. A-
penas a unos metros,la mortecina luz de un farol desteñía las tinieblas circundantes.

La cara del hombre se perdía en la sombra,solo emergían
unos como destellos de sus ojos y la blancura de los cuatro dientes
delanteros. Todavía no se si fué el hambiente o la personalidad del
individuo el que me preparó ~~las cosas~~ para recibir la revelación,pero se
que los argumentos empleados los había oído muchas veces esgrimidos
por personas diferentes y nunca me habían impresionado. En realidad,
era una ~~personalidad~~ tipo interesante nuestro interlocutor: desde joven
huído de un país de Europa para escapar al cuchillo dogmatizante,cono-
cía el sabor del miedo(unas de las pocas experiencias que hacen valorar la vida) despues,rodando de país en país había dado con sus huesos
en esa apartada región y allí esperaba pacientemente el momento del
gran acontecimiento.

~~Despues~~ Luego de las frases triviales y los lugares comunes
con que cada uno planteó su posición,cuando ya languidecía la discusión y estábamos por separarnos,dejo caer,con la misma risa de chico
pícaro que siempre lo acompañaba,acentuado la disparidad de sus cuatro incisivos delanteros: "El porvenir es del pueblo y poco a poco o
de golpe va a conquistar el poder aquí y en toda la tierra. Lo malo
es que ~~el pueblo~~ tiene que civilizar e y eso no se puede hacer antes si
no despues de tomar el poder. Se civilizará sólo aprendiendo a cos
ta de sus propios errores , ~~errores~~ que seran muy graves,que costaran

en nada el curso de la historia, o la personal impresión que de mí mismo tenga, usted morirá con el puño cerrado y la mandíbula tensa, en perfecta demostración de odio y combate, porque no es un símbolo (algo inanimado que se toma de ejemplo), usted es un auténtico integrante de la sociedad que se derrumba: el espíritu de la colmena habla por su boca y se mueve en sus actos; es tan útil como yo, pero desconoce la utilidad del aporte que hace a la sociedad que lo sacrifica."

Vi sus dientes y la mueca picaresca con que se adelantaba a la historia, sentí el apretón de sus manos y, como murmullo lejano, el protocolar saludo de despedida. La noche, replegada al contacto de sus palabras, me tomaba nuevamente, confundiéndome en su ser; pero pese a sus palabras ahora sabía... sabía que en el momento en que el gran espíritu rector dé el tajo enorme que divida toda la humanidad en sólo dos fracciones antagónicas, estaré con el pueblo, y sé porque lo veo impreso en la noche que yo, el ecléctico disector de doctrinas y psicoanalista de dogmas, aullando como poseído, asaltaré las barricadas o trincheras, teñiré en sangre mi arma y, loco de furia, degollaré a cuanto vencido caiga entre mis manos. Y veo, como si un cansancio enorme derribara mi reciente exaltación, como caigo inmolado a la auténtica revolución estandarizadora de voluntades, pronunciando el "mea culpa" ejemplarizante. Ya siento mis narices dilatadas, saboreando el acre olor de pólvora y de sangre, de muerte enemiga; ya crispo mi cuerpo, listo a la pelea y preparo mi ser como un sagrado recinto para que en él resuene con vibraciones nuevas y nuevas esperanzas el aullido bestial del proletariado triunfante.

Otra vez es el segundo diario de viaje por América Latina que escribió el joven Ernesto Guevara y cuyo original se conserva en el Archivo Personal del Che.

Comienza a escribirlo cuando parte de Buenos Aires, el 7 de julio de 1953, y las anotaciones se extienden hasta la fecha del nacimiento de su hija Hildita, en México, el 15 de febrero de 1956. Allí aparece, con fuerza impactante, una frase premonitoria: *Este año puede ser importante para mi futuro...*

Este libro continúa su recorrido por las palabras y las imágenes de Che testimoniante con el texto inédito que sigue: primer encuentro de Ernesto Guevara con la ciudad de La Paz, que formaría parte del último capítulo de su vida, el de la guerrilla boliviana.

A esta especie de prólogo en el que describe, sobria y emocionadamente, *la belleza formidable del Illimani [...] eternamente nimbado por ese halo de nieve que la naturaleza le prestó para siempre,* siguen aquí sus miradas sobre el mundo precolombino de Palenque y

una selección de sus cartas de lejos, agudas, informativas e irónicas en las que comenta los episodios de su vida en Centroamérica y México, y va arrojando luz sobre los destinos futuros de su pensamiento y de su acción.

—VC

04

DE LOS VIAJES:

segundamirada
aamércialatina

lapaz, ingenua, cándida

A las 4 de la tarde se asoma el tren a la quebrada donde está La Paz. Una ciudad chica pero muy bonita se desperdiga entre el accidentado terreno del fondo, teniendo como centinela la figura siempre nevada del Illimani. La etapa final de unos cuantos kilómetros tarda más de una hora en completarse. El tren parece que fuera a escapar tangentemente a la ciudad, cuando torna y continúa su descenso.

Es un sábado a la tarde y la gente a la que estamos recomendados es muy difícil de encontrar, de modo que nos dedicamos a vestirnos y sacarnos roña del viaje.

Ya empezamos el domingo a recorrer a nuestros recomendados y a ponernos en contacto con la colonia argentina.

La Paz es la Shanghai de América. Una riquísima gama de aventureros de todas las nacionalidades vegetan y medran en medio de la ciudad policroma y mestiza que marcha encabezando el país hacia su destino.

La gente llamada bien, la gente culta se asombra de los acontecimientos y maldice la importancia que se les da al indio y al cholo, pero en todos me pareció apreciar una chispa de entusiasmo nacionalista frente a algunas obras del gobierno.

Nadie niega la necesidad de que acabara el estado de cosas simbolizado por el poder de los tres jerarcas de las minas de estaño, y la gente joven encuentra que éste ha sido un paso adelante en la lucha por una mayor nivelación de personas y fortunas.

El 15 de julio a la noche hubo un desfile de antorchas largo y aburrido, como ejemplo de manifestación pero interesante por la forma de expresar su adhesión que era en forma de disparos de Máuser o "Piri-pipí", el terrible fusil de repetición.

Al día siguiente pasaron en interminable desfile gremios, colegios y sindicatos haciendo cantar la Máuser con bastante asiduidad. Cada tantos pasos uno de los directores de las especies de compañías en que estaba fraccionado el desfile gritaba: "Compañeros del gremio tal, viva La Paz, viva la independencia americana, viva Bolivia; gloria a los protomártires de la independencia, gloria a Pedro Domingo Murillo, gloria a Guzmán, gloria a Villarroel." El recitado se

efectuaba con voz cansina a la que un coro de voces monótonas daba su marco adecuado. Era una manifestación pintoresca pero no viril. El paso cansino y la falta de entusiasmo de todos le quitaba fuerza vital, faltaban rostros enérgicos de los mineros, según decían los conocedores.

Por la mañana de otro día tomamos un camión para ir a las Yungas. Al principio subimos hasta alcanzar los 4 600 metros en el lugar llamado la Cumbre para bajar luego lentamente por el camino de la cornisa al que flanqueaba un profundo precipicio en casi todo su recorrido. Pasamos en las Yungas dos días magníficos, pero faltaban en nuestro acervo dos mujeres que pusieran la nota erótica como matiz necesario al verde que nos rodeaba por todos lados. Sobre las laderas vegetadas que se despeñan hacia un río distante abajo, varios centenares de metros, y custodiados por un cielo nublado, se desperdigaban cultivos de cocos con sus típicos grados, de bananeras que a la distancia semejan hélices verdes emergiendo de la selva, de naranjos y otros cítricos, de cafetales enrojecidos de frutos; todo matizado por la raquítica figura de un papayo con una configuración que recuerda algo la estática figura de la llama y de otros frutales y árboles del trópico. [...]

La Paz, ingenua, cándida como una muchachita provinciana, muestra orgullosa sus maravillas edilicias. Visitamos sus nuevos edificios, la Universidad de bolsillo desde cuyas terrazas se domina toda la ciudad, la biblioteca municipal, etcétera.

La belleza formidable del Illimani difunde su suave claridad, eternamente nimbado por ese halo de nieve que la naturaleza le prestó por siempre. En las horas del crepúsculo es cuando el monte solitario adquiere más solemnidad e imponencia.

macchu-picchu, enigma de piedra en américa

Coronando un cerro de agrestes y empinadas laderas, a 2 800 metros sobre el nivel de mar y 400 sobre el caudaloso Urubamba, que baña la altura por tres costados, se encuentra una antiquísima ciudad de piedra que, por ampliación, ha recibido el nombre del lugar que la cobija: Macchu-Picchu.

¿Es esa su primitiva denominación? No, este término quechua significa Cerro Viejo, en oposición a la aguja rocosa que se levanta a pocos metros del poblado, Huaina-Picchu, Cerro Joven; descripciones físicas referidas a cualidades de los accidentes geográficos, simplemente. ¿Cuál será entonces su verdadero nombre? Hagamos un paréntesis y trasladémonos al pasado.

El siglo XVI de nuestra era fue muy triste para la raza aborigen de América. El invasor barbado cayó como un aluvión por todos los ámbitos del continente y los grandes imperios indígenas fueron reducidos a escombros. En el centro de América del Sur, las luchas intestinas entre los dos postulantes a heredar el cetro del difunto Huaina-Capac, Atahualpa y Huascar, hicieron más fácil la tarea destructora sobre el más importante imperio del continente.

Para mantener quieta la masa humana que cercaba peligrosamente el Cuzco, uno de los sobrinos de Huascar, el joven Manco II, fue entronizado. Esta maniobra tuvo inesperada continuación: los pueblos indígenas se encontraron con una cabeza visible, coronada con todas las formalidades de la ley incaica, posibles bajo el yugo español y un monarca no tan fácilmente manejable como quisieran los españoles. Una noche desapareció con sus principales jefes, llevándose el gran disco de oro, símbolo del sol, y, desde ese día, no hubo paz en la vieja capital del imperio.

Las comunicaciones no eran seguras, bandas armadas correteaban por el territorio e incluso cercaron la ciudad, utilizando como base de operaciones la vieja e imponente Sacsahuáman, la fortaleza tutora del Cuzco, hoy destruida.

Corría el año 1536.

La revuelta en gran escala fracasó, el cerco del Cuzco hubo de ser levantado y otra importante batalla en Ollantaitambo, ciudad amurallada a orillas del Urubamba, fue perdida por las huestes del monarca indígena. Este se redujo definitivamente a una guerra de guerrillas que molestó considerablemente el poderío español. Un día de borrachera, un soldado conquistador, desertor, acogido con seis compañeros más en el seno de la corte indígena, asesinó al soberano, recibiendo, junto con sus desafortunados compinches, una muerte horrible a manos de los indignados súbditos que expusieron las cercenadas cabezas en las puntas de lanzas como castigo y reto. Los tres hijos del soberano, Sairy Túpac, Tito Cusi y Túpac Amaru, uno a uno fueron reinando y muriendo en el poder. Pero con el tercero murió algo más que un monarca: se asistió al derrumbe definitivo del imperio incaico.

El efectivo e inflexible Virrey Francisco Toledo tomó preso al último soberano y lo hizo ajusticiar en la plaza de armas del Cuzco, en 1572. El Inca, cuya vida de confinamiento en el templo de las vírgenes del sol, tras un breve paréntesis de reinado, acababa tan trágicamente, dedicó a su pueblo, en la hora postrera, una viril alocución que lo rehabilita de pasadas flaquezas y permite que su nombre sea tornado como apelativo por el precursor de la independencia americana, José Gabriel Condorcanqui: Túpac Amaru II.

El peligro había cesado para los representantes de la corona española y a nadie se le ocurrió buscar la base de operaciones, la tan bien guardada ciudad de Vilcapampa, cuyo último soberano la abandonó antes de ser apresada, iniciándose entonces un paréntesis de tres siglos en que el más absoluto silencio reina en torno al poblado. El Perú seguía siendo una tierra virgen de plantas europeas en muchas partes de su territorio, cuando un hombre de ciencia italiano, Antonio Raimondi, dedicó 19 años de su vida, en la segunda mitad del siglo pasado, a recorrerlo en todas direcciones. Si bien es cierto que Raimondi no era arqueólogo profesional, su profunda erudición y capacidad científica, dieron al estudio del pasado incaico un impulso enorme. Generaciones de estudiantes peruanos tornaron sus ojos al corazón de una patria que no conocían, guiados por la monumental obra *El Perú*, y hombres de ciencia de todo el mundo sintieron reavivar el entusiasmo por la investigación del pasado de una raza otrora grandiosa.

A principios de este siglo un historiador norteamericano, el profesor Bingham, llegó hasta tierras peruanas, estudiando en el terreno itinerarios seguidos por Bolívar, cuando quedó sojuzgado por la extraordinaria belleza de las regiones visitadas y tentado por el incitante problema de la cultura incaica. El profesor Bingham, satisfaciendo al historiador y al aventurero que en él habitaban, se dedicó a buscar la perdida ciudad, base de operaciones de los cuatro monarcas insurgentes.

Sabía Bingham, por las crónicas del padre Calancha y otras, que los incas tuvieron una capital militar y política a la que llamaron Vitcos y un santuario más lejano, Vilcapampa, la ciudad que ningún blanco había hollado y, con estos datos, inició la búsqueda.

Para quien conozca, aunque sea superficialmente la región, no escapará la magnitud de la tarea emprendida. En zonas montañosas, cubiertas de intrincados bosques subtropicales, surcadas por ríos que son torrentes peligrosísimos, desconociendo la lengua y hasta la psicología de los habitantes, entró Bingham con tres armas poderosas: un inquebrantable afán de aventuras, una profunda intuición y un buen puñado de dólares.

Con paciencia, comprando cada secreto o información a precio de oro, fue penetrando en el seno de la extinguida civilización y, un día, en 1911, tras años de ardua labor, siguiendo, rutinariamente a un indio que vendía un nuevo conglomerado de piedras, Bingham, él solo, sin compañía de hombre blanco alguno, se extasió ante las imponentes ruinas que, rodeadas de malezas, casi tapadas por ellas, le daban la bienvenida.

Aquí hay una parte triste. Todas las ruinas quedaron limpias de malezas, perfectamente estudiadas y descriptas y... totalmente despojadas de cuanto objeto cayera en mano de los investigadores, que llevaron triunfalmente a su país más de doscientos cajones conteniendo inapreciables tesoros arqueológicos y también, por que no decirlo, importante valor monetario. Bingham no es el culpable; objetivamente hablando, los norteamericanos en general, tampoco son culpables; un gobierno imposibilitado económicamente para hacer una expedición de la categoría de la que dirigió el descubridor de Macchu-Picchu, tampoco es culpable. ¿No los hay entonces? Aceptémoslo, pero,

¿dónde se puede admirar o estudiar los tesoros de la ciudad indígena? La respuesta es obvia: en los museos norteamericanos.

Macchu-Picchu no fue para Bingham un descubrimiento cualquiera, significó el triunfo, la coronación de sus sueños límpidos de niño grande —que eso son casi todos los aficionados a este tipo de ciencias. Un largo itinerario de triunfos y fracasos coronaba allí y la ciudad de piedra gris llevaba sus ensueños y vigilias, impeliéndole a comparaciones y conjeturas a veces alejadas de las demostraciones experimentales. Los años de búsqueda y los posteriores al triunfo convirtieron al historiador viajero en un erudito arqueólogo y muchas de sus aseveraciones cayeron con incontrastable fuerza en los medios científicos, respaldadas por la experiencia formidable que había recogido en sus viajes.

En opinión de Bingham, Macchu-Picchu fue la primitiva morada de la raza quechua y centro de expansión, antes de fundar el Cuzco. Se interna en la mitología incaica e identifica tres ventanas de un derruido templo con aquellas de donde salieron los hermanos Ayllus, míticos personajes del incario; encuentra similitudes concluyentes entre un torreón circular de la ciudad descubierta y el templo del sol de Cuzco; identifica los esqueletos, casi todos femeninos, hallados en las ruinas, con los de las vírgenes del sol; en fin, analizando concienzudamente todas las posibilidades, llega a la siguiente conclusión: la ciudad descubierta fue llamada, hace mas de tres siglos, Vilcapampa, santuario de los monarcas insurgentes y, anteriormente, constituyó el refugio de las vencidas huestes del inca Pachacuti cuyo cadáver guardaron en la ciudad, luego de ser derrotados por las tropas chinchas, hasta el resurgimiento del imperio. Pero el refugio de los guerreros vencidos, en ambos casos, se produce por ser esta Tampu-Toco, el núcleo inicial, el recinto sagrado, cuyo lugar de emplazamiento sería este y no Pacaru Tampu, cercano a Cuzco, como le dijeran al historiador Sarmiento de Gamboa, los notables indios que interrogara por orden del Virrey Toledo.

Los investigadores modernos no están muy de acuerdo con el arqueólogo norteamericano, pero no se expiden sobre la definitiva significación de Macchu-Picchu.

Tras varias horas de tren, un tren asmático, casi de juguete, que bordea al principio un pequeño torrente para seguir luego las márgenes del Urubamba pasando ruinas de la imponencia de Ollantaitambo, se llega al puente que cruza el río. Un serpeante camino cuyos 8 kilómetros de recorrido se eleva a 400 metros sobre el nivel del torrente, nos lleva hasta el hotel de las ruinas, regentado por el señor Soto, hombre de extraordinaria erudición en cuestiones incaicas y un buen cantor que contribuye, en las deliciosas noches del trópico, a aumentar el sugestivo encanto de la ciudad derruida.

Macchu-Picchu se encuentra edificada sobre la cima del cerro, abarcando una extensión de 2 kilómetros de perímetro. En general, se la divide en tres secciones: la de los templos, la de las residencias principales, la de la gente común.

En la sección dedicada al culto, se encuentran las ruinas de un magnífico templo formado por grandes bloques de granito blanco, el que tiene las tres ventanas que sirvieran para la especulación mitológica de Bingham. Coronando una serie de edificios de alta calidad de ejecución, se encuentra el Intiwatana, el lugar donde se amarra el sol, un dedo de piedra de unos 60 centímetros de altura, base del rito indígena y uno de los pocos que quedan en pie, ya que los españoles tenían buen cuidado de romper este símbolo apenas conquistaban una fortaleza incaica.

Los edificios de la nobleza tienen muestras de extraordinario valor artístico, como el torreón circular ya nombrado, la serie de puentes y canales tallados en la piedra y muchas residencias notables por la ejecución y el tallado de las piedras que las forman.

En las viviendas presumiblemente dedicadas a la plebe, se nota una gran diferencia por la falta de esmero en el pulido de las rocas. Las separa de la zona religiosa una pequeña plaza o lugar plano, donde se encuentran los principales reservorios de agua, secos ya, siendo esta una de las razones, supuestas dominantes, para el abandono del lugar como residencia permanente.

Macchu-Picchu es una ciudad de escalinatas; casi todas las construcciones se hallan a niveles diferentes, unidas unas a otras por escaleras, algunas de roca primorosamente tallada, otras de piedras alineadas sin mayor afán estético, pero todas capaces de resistir las inclemencias climáticas, como la ciudad entera, que sólo ha perdido los techos de paja y tronco, demasiado endebles para luchar contra los elementos.

Las necesidades alimenticias podían ser satisfechas por los vegetales cosechados mediante el cultivo en andenes, que todavía se conservan perfectamente.

Su defensa era muy fácil debido a que dos de sus lados están formados por laderas casi a pique, el tercero es una angosta garganta franqueable sólo por senderos fácilmente defendibles, mientras el cuarto da la Huaina-Picchu. Este es un pico que se eleva unos 200m sobre el nivel de su hermano, difícil de escalar, casi imposible para el turista, si no quedaran los restos de la calzada incaica que permiten llegar a su cima bordeando precipicios cortados a pique. El lugar parece ser más de observación que otra cosa, ya que no hay grandes construcciones. El Urubamba contornea casi completamente los dos cerros haciendo su toma prácticamente imposible para una fuerza atacante.

Ya dijimos que está en controversia la significación arqueológica de Macchu-Picchu, pero, poco importa cuál fuera el origen primitivo de la ciudad o, de todas maneras, es bueno dejar su discusión para los especialistas. Lo cierto, lo importante es que nos encontramos aquí frente a una pura expresión de la civilización indígena más poderosa de América, inmaculada por el contacto de las huestes vencedoras y plena de inmensos tesoros de evocación entre sus muros muertos o en el paisaje estupendo que lo circunda y le da el marco necesario para extasiar al soñador, que vaga porque sí entre sus ruinas, o al turista yanqui que cargado de practicidad, encaja los exponentes de la tribu degenerada, que puede ver en el viaje, entre los muros otrora vivos, y desconoce la distancia moral que los separa, porque éstos son sutilezas que sólo el espíritu semindígena del latinoamericano puede apreciar.

Conformémonos, por ahora, con darle a la ciudad los dos significados posibles: para el luchador que persigue lo que hoy se llama quimera, el de un brazo extendido hacia el futuro cuya voz de piedra grita con alcance continental: "ciudadanos de Indoamérica, reconquistad el pasado"; para otros, aquellos que simplemente "huyen del mundanal ruido", es válida una frase anotada en el libro de visitantes que tiene el hotel y que un súbdito inglés dejó estampada con toda la amargura de su añoranza imperial: *"I am lucky to find a place without Coca-Cola propaganda."*

eldilemadeguatemala

Quien haya recorrido estas tierras de América habrá escuchado las palabras desdeñosas que algunas personas lanzaban sobre ciertos regímenes de clara inspiración democrática. Arranca de la época de la República Española y su caída. De ella dijeron que estaba constituida por un montón de vagos que solo sabían bailar la jota, y que Franco puso orden y desterró el comunismo de España. Después, el tiempo pulió opiniones y uniformó criterios y la frase hecha con que se lapidaba una fenecida democracia era más o menos: "Allí no había libertad, había libertinaje". Así se definía a los gobiernos que en Perú, Venezuela y Cuba habían dado a América el sueño de una nueva era. El precio que los grupos democráticos de esos países tuvieron que pagar por el aprendizaje de las técnicas de la opresión ha sido elevado. Cantidad de víctimas inocentes han sido inmoladas para mantener un orden de cosas necesario a los intereses de la burguesía feudal y de los capitales extranjeros, y los patriotas saben ahora que la victoria será conquistada a sangre y fuego y que no puede haber perdón para los traidores; que el exterminio total de los grupos reaccionarios es lo único que puede asegurar el imperio de la justicia en América.

Cuando oí nuevamente la palabra "libertinaje" usada para calificar a Guatemala sentí temor por esta pequeña república. ¿Es que la resurrección del sueño de los latinoamericanos, encarnado en este país y en Bolivia, estará condenada a seguir el camino de sus antecesores? Aquí se plantea el dilema.

Cuatro partidos revolucionarios forman la base en que se apoya el gobierno, y todos ellos, salvo el PGT, están divididos en dos o más facciones antagónicas que disputan entre sí con más saña que con los tradicionales enemigos feudales, olvidando en rencillas domésticas el norte de los guatemaltecos. Mientras tanto la reacción tiende sus redes. El Departamento de Estado de los EE.UU. o la United Fruit Company, que nunca se puede saber quién es uno y otro en el país del norte —en franca alianza con los terratenientes y la burguesía timorata y chupacirios— hacen planes de toda índole para reducir a silencio al altivo adversario que surgió como un grano en el seno del Caribe. Mientras Caracas espera las ponencias que den cauce a las intromisiones más o menos descaradas, los generalitos desplazados y los cafetaleros temerosos buscan alianza con los siniestros dictadores vecinos.

Mientras la prensa de los países aledaños, totalmente amordazada, sólo puede tañir loas al "líder" en la única nota permitida, aquí los periódicos titulados "independientes" desencadenan una burda tempestad de patrañas sobre el gobierno y sus defensores, creando el clima buscado. Y la democracia lo permite.

La "cabecera de playa comunista", dando un magnífico ejemplo de libertad e ingenuidad, permite que se socaven sus cimientos nacionalistas; permite que se destroce otro sueño de América.

Miren un poco hacia el pasado inmediato, compañeros, observen a los líderes prófugos, muertos o prisioneros del Apra del Perú; de Acción Democrática de Venezuela; a la magnífica muchachada cubana asesinada por Batista. Asómense a los veinte orificios que ostenta el cuerpo del poeta soldado, Ruiz Pineda; a las miasmas de las cárceles venezolanas. Miren, sin miedo pero con cautela, el pasado ejemplarizante y contesten, ¿es ese el porvenir de Guatemala?

¿Para eso se ha luchado y se lucha? La responsabilidad histórica de los hombres que realizan las esperanzas de Latinoamérica es grande. Es hora de que se supriman los eufemismos. Es hora de que el garrote conteste al garrote, y si hay que morir, que sea como Sandino y no como Azaña.

Pero que los fusiles alevosos no sean empuñados por manos guatemaltecas. Si quieren matar la libertad que lo hagan ellos, los que la esconden. Es necesario no tener blandura, no perdonar traiciones. No sea que la sangre de un traidor que no se derrame cueste la de miles de bravos defensores del pueblo. La vieja disyuntiva de Hamlet suena en mis labios a través de un poeta de América-Guatemala: "¿Eres o no eres, o quién eres?" Los grupos que apoyan al gobierno tienen la palabra.

i presento un nocturno créanlo o revienten, poco importa, que si no conocen personalmente el paisaje fotografiado por mis notas, difícilmente conocerán otra verdad que la que les cuento aquí: así advertía a los hipotéticos lectores de sus notas el joven Ernesto Guevara de la Serna, viajero incansable y testimoniante consciente.

Ahora, en este recorrido por su segunda mirada a América Latina, podemos entregar en los materiales que siguen una corroboración de aquella advertencia soberbia y, además, una muestra de la diversidad de aquella mirada. Felizmente aquí se reúnen la pupila del poeta, la del escritor de apuntes y la del fotógrafo, todas dirigidas a un mismo objeto observado: las ruinas de Palenque.

Al margen de las consideraciones que se tengan sobre su calidad definitiva, la poesía de Ernesto Guevara forma parte, por derecho propio, de su universo testimonial, y queda hoy, sin dudas, como documento y como muestra de sus variados instrumentos de expresión. La poesía le acompañó a lo largo de su vida, hasta la mochila de su última experiencia guerrillera; leyó versos a sus combatientes y polemizó a la distancia con los poetas queridos, como se verá más adelante en este libro.

Esta sección, que muestra *tres maneras de mirar*, confirma los caminos diversos por los que este cronista incesante se acercó al mundo que le rodeaba en cada momento y lo sometió al análisis y a la descripción, a la ironía o a la síntesis: ejercicio perseverante y apasionado de la memoria que constatamos hoy con júbilo y emoción.

Algo queda vivo en tu piedra, advirtió el joven poeta a los jóvenes de este recién llegado siglo XXI. Desde cualquier rincón del mundo de hoy, se puede llegar a las enseñanzas de este viaje ejemplar de un joven del siglo XX por los caminos de nuestra mayúscula América. Basta con tener los ojos y la mente abiertos, la sensibilidad latiendo en el lado izquierdo del pecho y una vocación inicial de amor que pueda multiplicarse y alcanzar a todo el mundo.

—VC

04

tres maneras
de mirar

palenque

Las ruinas de Palenque son magníficas: sobre la falda de un cerro está el núcleo de la ciudad, lo que fue un centro; de allí se extiende por un espacio de 4 ó 6 kilómetros en medio de la selva; inexplorado todavía, pese a que se conoce claramente la situación de construcción tapada por la maraña.

La desidia de las autoridades es total, para limpiar totalmente la tumba principal, una de las joyas arqueológicas de mayor valor en América, se tardó 4 años, cuando con implementos y personal adecuado se hubiera podido hacer en 3 meses. Los edificios más importantes son: el Palacio, que tiene un conjunto de galerías y patios con grabados en piedra y aristas de estuco, de mucha calidad artística. El Templo de las Inscripciones, también llamado de la Tumba, que tiene como característica principal una tumba, única en su tipo en América, a la que se entra por la parte superior de la pirámide, bajando por un largo túnel de techo trapezoidal que conduce a una cámara amplia en la que se encontró una lápida monolítica de 3,80 de largo por 2,20 de ancho y 27 cm de grueso, adornada con jeroglíficos representando el Sol, la Luna y Venus. Debajo de la lápida hay un catafalco íntegramente tallado en un bloque de piedra, que contenía el cadáver de un personaje principal.

Había joyas de diversos tamaños, todo en jade. En Palenque es digno de hacer notar la belleza y fragancia de sus bajorrelieves, estucados, hechos con un arte que se pierde luego, a medida que se avanza en los dominios del tercer milenio, donde ya se nota la influencia tolteca, más monumental pero mucho menos escultórica.

Los motivos escultóricos palencanos son más humanos que los de los aztecas o toltecas y en general se ven figuras humanas de cuerpo entero en hechos históricos o rituales mezclados con la representación de los dioses más importantes de sus olimpos, que son el del Sol, la Luna, Venus, el agua, etcétera.

Palenque, según la clasificación hecha por el arqueólogo norteamericano Morley, es un centro de segunda categoría dentro del área maya. (Este arqueólogo sólo concede primera categoría a Copán, Tikal, Uxmal, y Chichén-Itza). La investigación arqueológica demuestra que Palenque erigió monumentos fechados durante el primer cuarto del baktún 9 (435–534), más o menos contemporáneamente de Piedras Negras, el otro centro artístico del imperio. Ambas florecieron durante el primer imperio. En total son 19 las ciudades de segunda categoría, según la clasificación de Morley, aunque la última investigación está dando más importancia a Palenque; sea o no esta ciudad un centro de primera categoría, es innegable para casi todos que es la ciudad maya donde el estuco fue trabajado con más técnica y más arte.

palenque:algoqueda vivoentupiedra

Algo queda vivo en tu piedra

hermana de las verdes alboradas,

tu silencio de manes

escandaliza las tumbas reales.

Te hiere el corazón la piqueta indiferente

de un sabio de gafas aburridas

y te golpea el rostro la procaz ofensa

del estúpido "¡oh!" de un gringo turista.

Pero tienes algo vivo.

Yo no sé qué es,

la selva te ofrenda un abrazo de troncos

y aun la misericordia araña de sus raíces.

Un zoólogo enorme muestra el alfiler

donde prenderá tus templos para el trono,

y tú no mueres todavía.

¿Qué fuerza te mantiene

más allá de los siglos

viva y palpitante como en la juventud?

¿Qué dios sopla, al final de la jornada

el hálito vital en tus estelas?

¿Será el sol jocundo de los trópicos?

¿Por qué no lo hace en Chichén-Itzá?

¿Será el abrazo jovial de la floresta

o el canto melodioso de los pájaros?

¿Y por qué duerme más hondo a Quiriguá?

¿Será el tañer del manantial sonoro

golpeando entre los riscos de la sierra?

Los incas han muerto, sin embargo.

La comunicación epistolar es un territorio imprescindible dentro de la obra testimonial de Ernesto Guevara. Lo fue desde sus tiempos de joven viajero, descubridor de las tierras americanas, soñador de futuros personales, que fue encontrando, a través de sus miradas y de su inteligencia, el camino de todos. Y lo fue después, en la madurez, ya hecho Che combatiente y luego Che constructor.

Algún día se debiera publicar ese epistolario completo, diverso en sus destinatarios, múltiple en sus temas, que muestra, sin embargo, la unidad de pensamiento y de estilo del hombre que lo escribió. Por el momento, este libro entrega dos pequeñas selecciones. La primera, *Cartas de lejos*, incluye textos escritos en Centroamérica y México, entre 1954 y 1956.

Aquí puede continuarse el rastro de la formación del joven Ernesto, la influencia definitiva de su recorrido por (Nuestra) América Mayúscula en ese proceso personal e histórico al mismo tiempo. El humor y la ironía, componentes de su personalidad y de su estilo, recorren libremente estas cartas en las que confronta opiniones con su tía Beatriz, se burla de su situación económica, relata sus experiencias laborales y descubre para él verdades que años después el mundo admiraría: *América será el teatro de mis aventuras con carácter mucho más importante que lo que hubiera creído.*

A esa comunicación establecida por las cartas, se suman aquí fragmentos de su *Diario inconcluso*, en el que recogió, con pasión y perseverancia, muchos de los sucesos por los que transitó su vida en aquellos días.

El ritmo que tomarían los acontecimientos para el cronista impidió que volviera sobre aquellos apuntes para escribir la versión definitiva de sus observaciones, como había hecho con sus *Notas de viaje*. Por lo tanto los fragmentos que incluimos aquí constituyen el testimonio directo de su autor y fueron escritos al compás de los hechos que narran.

En esta cercanía de la escritura con la realidad que la nutría se revela la capacidad del autor para la observación y el análisis: incluida la mirada personal hacia sí mismo y su entorno, y la agudeza para la descripción sintética y eficaz de hechos y personajes.

Como se verá, hay espacio para la ternura (*me siento un poco como el abuelito bueno*), para el autoanálisis, contradictorio y, por ello, sincero (*Decididamente, soy de un fatalismo optimista*) y para la mirada hacia el horizonte más amplio (*Los últimos acontecimientos pertenecen a la historia…*).

Estos apuntes reafirman la voluntad analítica de este testimoniante que recorrió territorios, buscó verdades y construyó una ética que incorporó a todos los momentos de su vida.

De ahí que su autor renazca siempre de sus cenizas. O esté naciendo siempre, como nos ha recordado la palabra de otro testimoniante de nuestro continente.

—*VC*

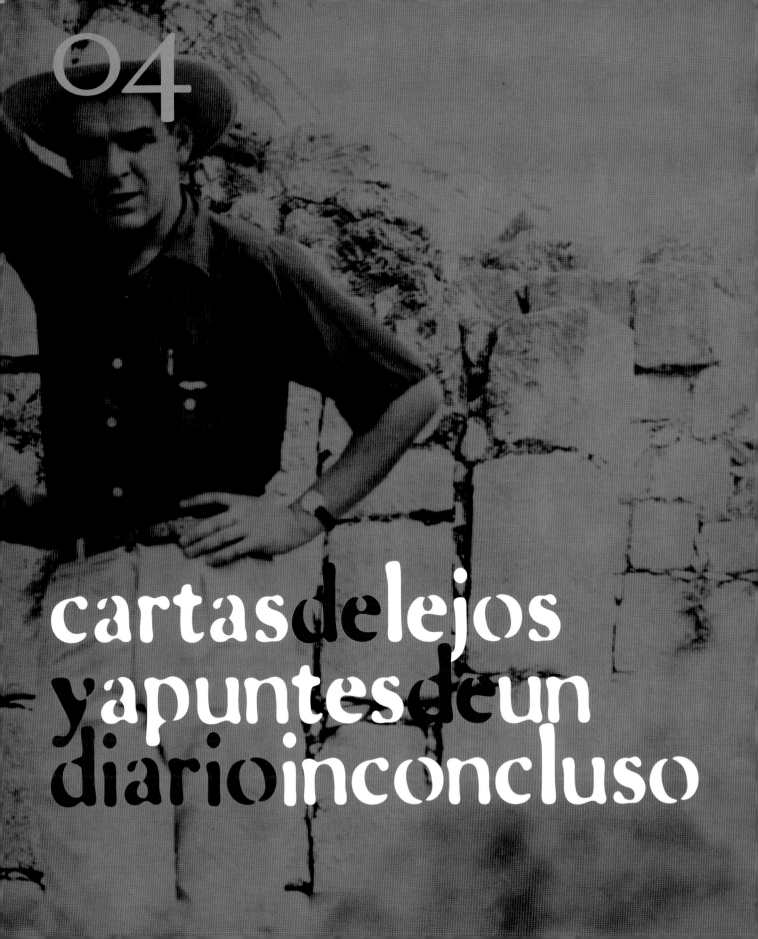

04

cartasdelejos
yapuntesdeun
diarioinconcluso

algunosversitosde profundocolorcolorado...

No creas que el encabezamiento es para contentar al viejo, hay indicios de que se mejora algo y las perspectivas no son tan desesperadas en cuanto al panorama económico. La tragedia pesística la cuento porque es la verdad y presumía que el viejo me consideraba lo suficiente choma como para aguantar lo que caiga, ahora, si prefieren cuentos de hadas, hago algunos muy bonitos. En los días de silencio mi vida se desarrolló así: fui con una mochila y un portafolio, medio a pata, medio a dedo, medio (vergüenza) pagando amparado por 10 dólares que el propio gobierno me había dado. Llegué a Salvador y la policía me secuestró algunos libros que traía de Guatemala pero pasé, conseguí la visa para entrar de nuevo a este país, y ahora correcta, y me largué a conocer unas ruinas de los pipiles que son una raza de los tlascaltecas que se largaron a conquistar el sur (el centro de ellos estaba en México) y aquí se quedaron hasta la venida de los españoles.

No tienen nada que hacer con las construcciones mayas y menos incaicas. Despúes me fui a pasar unos días de playa mientras esperaba la resolución sobre mi visa que había pedido para visitar unas ruinas hondureñas, que sí son espléndidas. Dormí en la bolsa que tengo, a orillas del mar, y aquí sí mi régimen no fue de los más estrictos, pero esa vida tan sana me mantuvo perfecto, salvo las ampollas del sol. Me hice amigo de algunos chochamu que como en toda Centroamérica caminan a alcohol, y aprovechando la extroversión del alcohol, me les mandé mi propagandita guatemaltequeante y recité algunos versitos de profundo color colorado. El resultado fue que aparecimos todos en la capacha, pero nos soltaron enseguida, previo consejo de un comandante con apariencia de gente, para que cantara a las rosas de la tarde y otras bellezas. Yo preferí hacerle un soneto al humo. Los hondureños me negaron la visa por el solo hecho de tener residencia en Guatemala, aunque de más está decirte que tenía mi sana intención de otear una huelga que se ha desatado allí y que mantiene parada el 25% de la población total trabajadora, cifra alta en cualquier lado pero extraordinaria en un país donde no hay derecho de huelgas y los sindicatos son clandestinos. La frutera está que brama y, por supuesto, Dulles y Cía. quieren intervenir en Guatemala por el terrible delito de comprar armas donde se las vendieran, ya que Estados Unidos no vende ni un cartucho desde hace mucho tiempo. [...]

Por supuesto, ni consideré la posibilidad de quedarme allí. De vuelta me largué por rutas medio abandonadas y con la cartera tecleando, porque aquí un dólar es poco más que un mango y con 20 no se hacen maravillas. Algún día caminé cerca de 50 kilómetros (serán mentiras pero es mucho) y después de muchos días caí al hospital de la frutera donde hay unas ruinas chicas pero muy bonitas. Aquí ya quedé totalmente convencido de lo que mi americanismo no quería convencerse: nuestros papis son asiáticos (contále al viejo que pronto van a exigir su patria potestad). Hay unas figuras en bajorrelieve que son Buda en persona y, todas las características lo demuestran, perfectamente iguales a las de las antiguas civilizaciones indostánicas. El lugar es precioso, tanto que hice contra mi estómago el crimen de Silvestre Bonard y me gasté un dólar y pico en comprar rollos y alquilarme una máquina. Después mendigué una morfada en el hospital, pero no pude llenar la joroba sino hasta la mitad de su contenido. Quedé sin plata para poder llegar por ferrocarril a Guatemala, de modo que me tiré al Puerto Barrios y allí laburé en la descarga de toneles de alquitrán, ganando 2,63 por doce horas de laburo pesado como la gran siete, en un lugar donde hay mosquitos en picada en cantidades fabulosas. Quedé con las manos a la miseria y el lomo peor, pero te confieso que bastante contento. Trabajaba de seis de la tarde a seis de la mañana y dormía en una casa abandonada a orillas del mar. Después me tiré a Guatemala y aquí estoy con perspectivas mejores. [...]

...(la redacción no es estrafalarismo pensado, sino la consecuencia de cuatro cubanos que discuten al lado mío). [...]

La próxima, más tranquilo, te mando nuevas si las hay...

Un abrazo para todos.

soydeunfatalismooptimista...

[...] Nuevos días para acoplar al diario. Llenos de vida interior y nada más. Colección de fracasos de todo tipo e inalterables fabricadores de esperanzas. Decididamente, soy de un fatalismo optimista. Estos días los pasé con asma, los últimos confinado en mi pieza sin apenas salir, aunque ayer fuimos con los venezolanos y Nicanor Mujica a Amatitlán. Allí hubo una violenta discusión entre todos contra mí, salvo el gordo Rojo que manifiesta que no tengo categoría moral para discutir. Hoy fui a ver un puesto del que hay posibilidades como médico con 80 cañas mensuales por una hora de trabajo. En el IGSS ya me dieron la completa seguridad de que no hay caso. Solórzano estuvo amable y conciso. Ahora se puede acabar el día con el antiguo punto final. Veremos.

vida ha sido mar
encontradas

San José de Costa Rica

(10 de diciembre de 1953)

Tía-Tía-mía:

Mi vida ha sido un mar de encontradas resoluciones hasta que abandoné
valientemente mi equipaje, y mochila al hombro emprendí con el compañero
García el sinuoso camino que acá nos condujo. En El Paso tuve la oportunidad
de pasar por los dominios de la United Fruit convenciéndome una vez más de
lo terrible que son esos pulpos capitalistas. He jurado ante una estampa del
viejo y llorado camarada Stalin no descansar hasta ver aniquilados estos pulpos
capitalistas. En Guatemala me perfeccionaré y lograré lo que me falta para ser
un revolucionario auténtico.

Informo que además de médico, soy periodista y conferenciante, cosas que me
darán (aunque pocos) u$s.

Junto con tus aditamentos, te abraza, te besa y te quiere tu sobrino, el de la
salud de hierro, el estómago vacío y la luciente fe en el porvenir socialista.

Chau,

Chancho

hastaunescépticocomoyo...

[...] Tengo que triunfar sin medios y creo que lo haré, pero también me parece que el triunfo será más obra de mis condiciones naturales —mayores de lo que mi subconsciente cree—, que de la fe que ponga en ello. Cuando oía a los cubanos hacer afirmaciones grandilocuentes con una absoluta serenidad me sentía chiquito. Puedo hacer un discurso diez veces más objetivo y sin lugares comunes, puedo hacerlo mejor y puedo convencer al auditorio de que digo algo cierto pero no me convenzo yo, los cubanos sí. Ñico dejaba su alma en el micrófono y por eso entusiasmaba hasta a un escéptico como yo [...].

losdosyosquesemepelean dentro,elsocialudo yelviajero...

10 de mayo de 1954

Vieja:

[...] Además de mirar el porvenir con gusto a asado, mi residencia va para adelante aunque con toda la pachorra propia de estas tierras, y supongo que dentro de un mes podré ir al cine sin estar acoplado a ningún bondadoso vecino.

Tengo prometido algo que ya creo le conté al viejo, y también le conté mis proyectos muy a la ligera. El 15 he resuelto dejar esta pensión y tirarme a campo libre con una bolsa de dormir que heredé de un compatriota que pasó por estos lugares. De esta manera podré conocer todos los lugares que quiera, salvo el Petén adonde no se puede ir así porque es la estación de las lluvias, y podré escalarme algún volcán, ya que hace mucho tiempo que tengo ganas de verle las amígdalas a la madre tierra (qué figura bonita). Esta es la tierra de los volcanes, y los hay para todos los gustos, mis gustos son sencillos, ni muy elevados ni muy activos. En Guatemala podría hacerme muy rico, pero con el rastrero procedimiento de revalidar el título, poner un clínica y dedicarme a la alergia (aquí está lleno de colegas del fuelle).

Hacer eso sería la más horrible traición a los dos yos que se me pelean dentro, el socialudo y el viajero. [...]

Abrazos cálidos y mojados porque aquí llueve todo el día
(mientras queda mate, muy romántico).

losúltimosacontecimientos pertenecenalahistoria...

[...] Los últimos acontecimientos pertenecen a la historia, cualidad que creo que por primera vez se da en mis notas.

Hace días, aviones procedentes de Honduras cruzaron las fronteras con Guatemala y pasaron sobre la ciudad, en plena luz del día ametrallando gente y objetivos militares. Yo me inscribí en las brigadas de sanidad para colaborar en la parte médica y en brigadas juveniles que patrullan las calles de noche. El curso de los acontecimientos fue el siguiente: luego de pasar estos aviones, tropas al mando del coronel Castillo Armas, emigrado guatemalteco en Honduras, cruzaron las fronteras avanzando sobre la ciudad de Chiquimula. El gobierno guatemalteco, que ya había protestado ante Honduras, los dejó entrar sin ofrecer resistencia y presentó el caso a las Naciones Unidas.

Colombia y Brasil, dóciles instrumentos yanquis, presentaron un proyecto de pasar el caso a la OEA que la URSS rechazó pronunciándose por la orden de alto al fuego. Los invasores fallaron en su intento de levantar las masas con armas que tiraban desde aviones, pero capturaron a la población bananera y cortaron el ferrocarril de Puerto Barrios.

El propósito de los mercenarios era claro, tomar Puerto Barrios y de allí recibir toda clase de armas y las tropas mercenarias que le llegaran. Esto se vio claro cuando la goleta *Siesta de Trujillo* fue capturada al tratar de desembarcar armas en dicho puerto. El ataque final fracasó pero en las poblaciones mediterráneas los asaltantes cometieron actos de verdadera barbarie asesinando a los miembros del SETUFCO (Sindicato de Empleados y Trabajadores de la UFCO) en el cementerio donde se le arrojaba una granada de mano en el pecho.

Los invasores creían que a una voz de ellos todo el pueblo se iba a largar en su seguimiento y por ello lanzaban armas por paracaídas, pero este se agrupó inmediatamente a las órdenes de Árbenz. Mientras las tropas invasoras eran bloqueadas y derrotadas en todos los frentes hasta empujarlas más allá de Chiquimula, cerca de la frontera hondureña, los aviones continuaban ametrallando los frentes y la ciudades, siempre provenientes de bases hondureñas y nicaragüenses. Chiquimula fue bombardeada fuertemente y sobre Guatemala cayeron bombas que hirieron a varias personas y mataron a una chiquita de 3 años.

Mi vida transcurrió de esta forma: primero me presenté a las brigadas juveniles de la alianza donde estuvimos varios días concentrados hasta que el ministro de Salud Pública me mandó a la casa de salud del maestro donde estoy acantonado. Me presenté como voluntario para ir al frente pero no me han dado ni cinco bolas. Hoy sábado 26 de junio, llegó el ministro, mientras yo me había ido a ver a Hilda; me dio mucha bronca porque pensaba pedirle que me mandara al frente. [...]

miposiciónnoesde ningunamaneraladeun diletantehablador...

12 de febrero de 1954

Mi muy querida, siempre adorada y nunca bien ponderada tía:

Recibí con gusto tu última carta, culminación y complemento de las dos capitalistas anteriores, de las cuales sólo llegó a mi poder una, con lo que el democrático empleado de correos hizo una justa distribución de las riquezas.

No me mandés más plata, a vos te cuesta un Perú y yo encuentro aquí los dólares por el suelo, con decirte que al principio me dio lumbago de tanto agacharme para recogerlos. Ahora sólo tomo uno de cada diez, como para mantener la higiene pública, porque tanto papel volando y por el suelo es un peligro.

Mi plan para los próximos años: por lo menos seis meses de Guatemala, siempre que no consiga algo bien remunerativo económicamente que me permita quedarme dos años. Si se da lo primero luego iré a trabajar a otro país durante un año, ese país podría ser, en orden decreciente de probabilidades, Venezuela, México, Cuba, Estados Unidos.

Si se cumple el plan de los dos años, tras un período de visita por los tres últimos países nombrados y Haití y Santo Domingo, me voy a Europa occidental, probablemente con la Vieja, donde estaré hasta quemar el último cartucho monetario. Si queda tiempo y dinero de por medio les haré una visita en algún medio baratieri como el avión de arriba* o barco, trabajando como médico, etcétera.

De todo este plan hay dos cosas sumamente cambiantes que pueden enderezarlas para uno y otro lados. La primera es el dinero, que para mí no tiene importancia fundamental, pero hace abreviar estadías o modificar itinerarios, etc. La segunda y la más importante es la situación política. MI POSICIÓN NO ES DE NINGUNA MANERA LA DE UN DILETANTE HABLADOR Y NADA MÁS; HE TOMADO POSICIÓN DECIDIDA JUNTO AL GOBIERNO GUATEMALTECO Y, DENTRO DE ÉL, EN EL GRUPO DEL PGT, QUE ES COMUNISTA, RELACIONÁNDOME ADEMÁS CON INTELECTUALES DE ESA TENDENCIA QUE EDITAN AQUÍ UNA REVISTA Y TRABAJANDO COMO MÉDICO EN LOS SINDICATOS, LO QUE ME HA COLOCADO EN PUGNA CON EL COLEGIO MÉDICO QUE ES ABSOLUTAMENTE REACCIONARIO. Me imagino todo lo que dirás y comentarás pero no te podés quejar de que no hablé claro.

En el campo de la medicina social, y amparado en mi pequeña experiencia personal, estoy preparando un libro muy pretencioso, el que creo me llevará dos años de trabajo. Su título es: *La función del médico en América Latina* y sólo tengo el plan general y los dos primeros capítulos escritos. Creo que con paciencia y método puede decir algo bueno.

Un abrazo de acero de tu proletario sobrino.

Una P.D. importante: Contáme qué pensás hacer con el departamento y si se pueden mandar a tu dirección libros para que los tengas, no te asustes que no son comprometedores.

* Argentinismo: *gratis.*

estoyrenombradocomo "chebol"ylarepresiónseviene...

[...] Dos días densos de acontecimientos políticos aunque personalmente no hayan significado gran cosa para mí, los acontecimientos: Árbenz renunció frente a la presión de una misión militar norteamericana que amenazó con bombardeos masivos, una declaración de guerra de Honduras y Nicaragua lo que provocaría la entrada de Estados Unidos. Lo que quizás no previera Árbenz fue lo que siguió. En el primer día se agregaron a Díaz, los coroneles Sánchez y el Fejo Monsón reconocidamente anticomunistas y el primer decreto fue declarar ilegal el PGT. La persecución empezó inmediatamente y las embajadas se llenaron de asilados, pero al día siguiente temprano vino lo peor, cuando Díaz y Sánchez renunciaron, quedando Monsón al frente del Gobierno con dos tenientes coroneles de subordinados. Se entregaron totalmente a Castillo Armas según *vox populi* y se decretó la ley marcial a todo el que fuere encontrado con armas de calibre prohibido en la mano. La situación personal es más o menos así: yo seré expulsado del hospitalito donde estoy, probablemente mañana, ya que estoy renombrado como "Chebol", y la represión se viene.

[...] Han pasado varios días sin jalones que marquen mi estadía en la embajada. El gobierno de Castillo Armas está totalmente consolidado. Se tomaron presos varios militares y sanseacabó. La convivencia con los personajes que duermen conmigo en la cancillería me hace que les haga un somero análisis a cada uno. [...]

Roberto Castañeda: guatemalteco, su profesión es fotógrafo en la que no brilla mucho, además es bailarín. Me hace la impresión de una persona de temperamento artístico, de inteligencia despejada, y de afán de perfeccionamiento en todo lo que hace. Viajó tras la Cortina de Hierro y es un sincero admirador de todo aquello aunque no ingresara al partido. Le faltan conocimientos teóricos del marxismo y quizás no sea un buen militante por esas taras burguesas digamos, pero es seguro que en el momento de la acción será de la partida. Me impresiona como un magnífico personaje por sus condiciones en la vida de relación y no tiene prácticamente ninguno de los afeminamientos del bailarín. [...]

Luis Arturo Pineda: guatemalteco de 21 años, del PGT. Es un muchacho serio, orgulloso de su eficacia militante y creyente firme en la infalibilidad del partido, sus aspiraciones máximas serán ser secretario del partido en Guatemala, tal vez en Latinoamérica y estrechar las manos de Malenkov. Desde su ortodoxia militante mira con desprecio todo lo que no está sujeto a la disciplina partidista. Se considera muy inteligente y no lo es, aunque tampoco es tonto ni mucho menos. Su eficacia militante lo lleva a cualquier tipo de sacrificio por el partido. [...]

Ricardo Ramírez es quizás de los más capacitados dirigentes de la juventud. Evidentemente el partido ha reemplazado a su casa, la que parece no haber tenido en la juventud, o mejor dicho en la niñez pues recién tiene 23 años. Va a Buenos Aires donde evidentemente le vendrá bien una experiencia en el partido. Su cultura general es elevada y su manera de encarar los problemas mucho menos dogmática que la de otros compañeros. [...]

Humberto Pineda era el jefe reconocido por nosotros y por la embajada de todo el grupo. Es un hombre que ha cedido sus impulsos violentos, como los de sus hijos por una más razonada calma. Ni sus alcances intelectuales son demasiado grandes ni su preparación intelectual tampoco, pero sabe ponerse a la altura de lo que de él se espera, es un buen militante.

américaseráelteatro demisaventuras...

Guatemala, abril de 1954

Vieja:

[...] Me alegro que tengas tan elevada opinión de mí. De todas maneras es muy difícil que la antropología sea mi ocupación exclusiva de la madurez. Me pare* un poco paradójico de hacer como "norte" de mi vida investigar lo que está muerto sin remedio. De dos cosas estoy seguro: la primera es que si llego a la etapa auténticamente creadora alrededor de los treinta y cinco años mi ocupación excluyente, o principal por lo menos, será la física nuclear, la genética o una materia así que reúna lo más interesante de las materias conocidas, la segunda es que América será el teatro de mis aventuras con carácter mucho más importante que lo que hubiera creído; realmente creo haber llegado a comprenderla y me siento americano con un carácter distintivo de cualquier otro pueblo de la tierra. Naturalmente que visitaré el resto del mundo [...].

* Contraccíon de *me parece*.

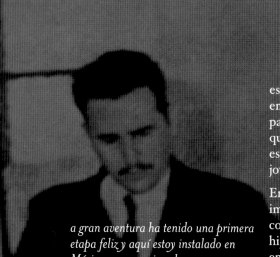

a gran aventura ha tenido una primera etapa feliz y aquí estoy instalado en México, aunque sin saber absolutamente nada sobre el futuro, escribe Ernesto en sus apuntes, a mediados de septiembre de 1954.

En las páginas de ese diario vívido y aleccionador podemos ir encontrando hoy las claves de la vida del cronista, que pueden ser resumidas en estos temas sobre los que vuelve una y otra vez en sus apuntes: la lucha por la supervivencia en la nueva ciudad; el ejercicio de la fotografía como fuente de ingreso para ese fin; su interés por los temas científicos, en particular los relacionados con la medicina.

En medio de esa "rutinaria cadena de esperanzas y desengaños que caracterizan mi vida proletaria", Ernesto pasa revista a lo que ha vivido y aprendido, en las cartas a sus padres y a su tía. Aquellas intuiciones que la tierra americana le fue ofreciendo en su peregrinar aventurero, más las lecturas y los estudios incesantes sobre filosofía, historia, literatura, han ido perfilando su mirada e inclinando su rumbo hacia esa zona del compromiso y la entrega personal que hoy maravillan a millones de gentes de este mundo en que habitamos.

El balance de lo vivido en Guatemala quedará sin dudas como un hito en ese proceso incesante de indagación en la realidad y búsqueda de participación en su transformación que caracterizaron los rasgos esenciales de la personalidad del joven viajero.

En México se producirán sucesos importantes para su vida personal, como el nacimiento de su primera hija, que comenta en una carta de entonces, con el júbilo y la curiosidad de su nuevo oficio de padre: "Pasaré entonces a hablar de la chamaca".

Explorador persistente del mundo que lo rodea y retador de su voluntad en todas las situaciones y todos los climas, Ernesto participa con un grupo de amigos en el asalto a la cima del Popocatepetl: si se quiere, una metáfora de los empeños mayores de su vida toda y de la tensión constante entre la voluntad y los retos que decide aceptar.

El encuentro con los primeros revolucionarios cubanos en Guatemala iniciaría para Ernesto, aunque aún no lo supiera, un nuevo camino en su vida de búsquedas, indagaciones y aventuras. Ya en México esa posibilidad se concretaría con este hecho que el joven apunta rápidamente en las páginas de su diario:

Un acontecimiento político es haber conocido a Fidel Castro, el revolucionario cubano, muchacho joven, inteligente, muy seguro de sí mismo y de extraordinaria audacia; creo que simpatizamos mutuamente.

Hoy podemos acceder a ese conjunto de informaciones que nos permiten reconstruir, visualizar, imaginar —según el caso— las variables que el joven Ernesto manejaba en aquellos momentos gracias a su vocación y voluntad de testimoniante. Si podemos conocer los rumbos de la formación de sus ideas políticas, de sus conocimientos concretos en este terreno, de sus dudas y sus certezas, es gracias a las cartas que escribió para comentar, aclarar, rebatir criterios de gentes a las que amaba mucho —como su madre—, y a las líneas que arañó entre soledades, desesperanzas momentáneas y certidumbres nacientes en su diario inconcluso.

Por eso sabemos, en este momento, que el joven Ernesto Guevara de la Serna, viajero impenitente, buscador de paisajes, vocaciones y destino, se encontraba en un inminente punto de giro y que el fiel de la balanza comenzaba a inclinarse sobre la historia de los años que vendrían.

Su palabra de testimoniante lo anuncia entre anécdotas cotidianas:

Fracasaron cinco puestos que me ofrecían y me metí de camarógrafo con una pequeña compañía, mis progresos en el arte cinematográfico son rápidos. Mis proyectos para el futuro son nebulosos pero espero terminar un par de trabajos de investigación. Este año puede ser importante para mi futuro. Ya me fui de los hospitales. Escribiré con más detalles.

Los detalles, la escritura vendrían ya desde otra tierra, la de Cuba, donde la aventura y la lucha por nuestra Mayúscula América comenzaban a tomar forma nueva y esperanzadora.

—VC

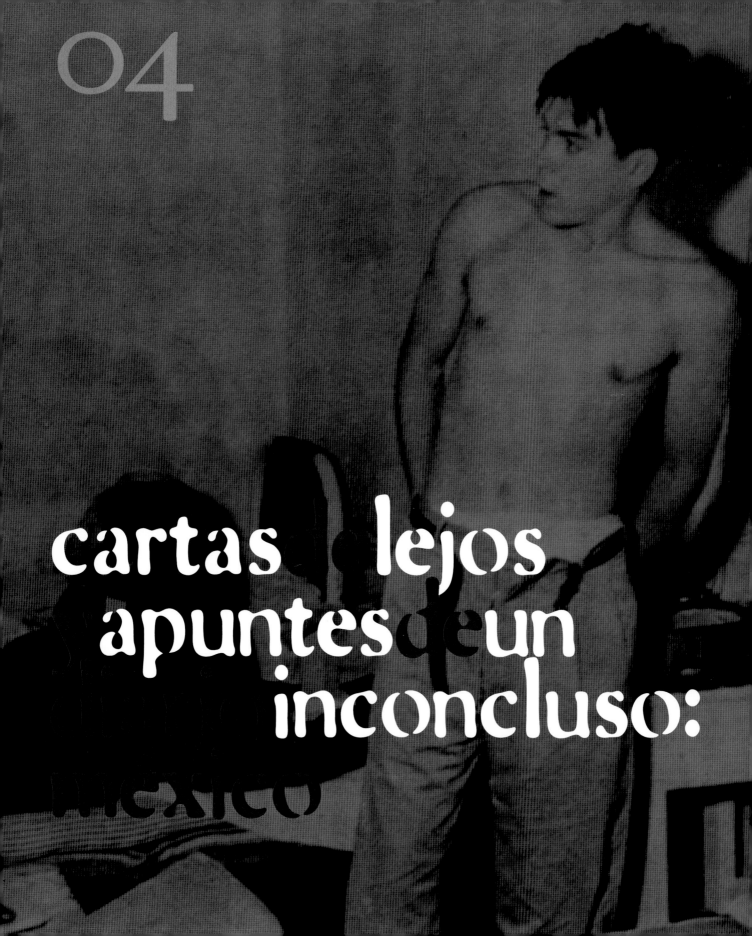

04

cartas lejos
apuntesdeun
inconcluso:
mexico

aquí estoy instalado en méxico...

[...] La gran aventura ha tenido una primera etapa feliz y aquí estoy instalado en México, aunque sin saber absolutamente nada sobre el futuro. Salí con mis duditas encima hasta la frontera; pasar fue una bicoca pero del lado mexicano empezaron los profesionales de la mordida. Me junté de entrada con un buen muchacho guatemalteco, estudiante de ingeniero, se llama Julio Roberto Cáceres Valle y también parece dominado por la obsesión de viajar. Piensa irse luego de un tiempo a Veracruz y tentar allí el gran salto.

El viaje hasta México lo hicimos juntos y aquí estoy solo aunque a lo mejor vuelve. [...]

aee.uu.noleheperdido nimediogramodebronca...

Noviembre de 1954

Vieja, la mi vieja,

(te confundí con la fecha)

[...] Contarles de mi vida es repetirme, pues no hago nada nuevo. La fotografía sigue dando para vivir y no hay esperanzas demasiado sólidas de que deje eso en poco tiempo, a pesar de que trabajo todas las mañanas en investigación en dos hospitales de aquí. Yo creo que lo mejor que me podría pasar sería que consiguiera una changuita de médico rural de contrabando muy cerca de la capital, lo que me permitiría dedicar con más holgura mi tiempo a la medicina durante algunos meses. Eso lo hago porque me di perfecta cuenta de todo lo que aprendí de alergia con Pisani recién ahora que me cotejo con gente que ha estudiado en Estados Unidos y no se chupa el dedo en cuanto al saber ortodoxo, y creo que el método de Pisani está muchas leguas por encima de todo esto y quiero ponerme práctico en todas las tretas de sus sistemas para caer parado en donde sea. [...]

[...] estoy con un laburo de órdago pues tengo todas las mañanas ocupadas en el hospital, y por las tardes y el domingo me dedico a la fotografía, y por las noches a estudiar un poco. Creo que te conté que estoy en un buen departamento y me hago la comida y todo yo, además de bañarme todos los días gracias al agua caliente a discreción que hay.

Como ves, estoy transformado en ese aspecto, en lo demás sigo igual porque la ropa la lavo poco y mal y no me alcanza todavía para pagar lavandera.

La beca es un sueño que abandoné ya, y me parece que en este país tan amplio no hay que pedir, se hace y listo el pollo. Vos sabés que siempre he sido partidario de las decisiones drásticas y aquí pagan macanudo, pues todo el mundo es fiaca* pero no se opone a que otros hagan, de modo que tengo el campo libre, aquí o en la campiña donde tal vez vaya. Naturalmente que esto no me hace perder de vista mi norte que es Europa, y adonde pienso ir sea como sea.

A EE.UU. no le he perdido ni medio gramo de bronca, pero quiero conocer bien Nueva York por lo menos. No tengo el menor miedo al resultado y sé que saldré exactamente tan antiyanqui como entre (si es que entro).

Me alegra que se despierte algo la gente, aunque no sé siguiendo qué directivas lo hacen, de todas maneras la verdad es que Argentina está de lo más insulsa, a pesar de que en términos generales el panorama que se ve desde aquí afuera parece indicar que progresan a pasos notables y que se va a poder defender perfectamente de la crisis que están por desatar los yanquis con el *doping* de sus excedentes alimenticios. [...]

Los comunistas no tienen el sentido que vos tenés de la amistad, pero entre ellos lo tienen igual o mejor que el que vos tenés. Lo vi bien claro a eso, y en la hecatombe que fue Guatemala después de la caída, donde cada uno atendía sólo el sálvese quien pueda, los comunistas mantuvieron intacta su fe y su compañerismo y es el único grupo que siguió trabajando allí.

Creo que son dignos de respeto y que tarde o temprano entraré en el Partido, lo que me impide hacerlo más que todo, por ahora, es que tengo unas ganas bárbaras de viajar por Europa y no podría hacer eso sometido a una disciplina rígida.

Vieja, hasta París

* Argentinismo: *pereza.*

larutinariacadenade esperanzasydesengaños quecaracterizan mividaproletaria...

[...] Los días se han sucedido con la rutinaria cadena de esperanzas y desengaños que caracterizan mi vida proletaria. El puesto en la feria del libro fue un sueño ya finalizado, pero tengo uno nuevo más lindo aunque igualmente inseguro: el jefe de la Agencia Latina me ofreció un puesto en el que ganaría unos 500 mensuales por trabajar 3 veces a la semana en la confección de una síntesis periodística de los acontecimientos de México. Por ahora sigo en la fotografía pero cada vez con menos ganas. Flota en el aire una decisión de hacerlas por nuestra cuenta pero nos falta plata.

elcaminofuebastante larguitoyconretrocesos...

[México, finales de 1954]

Vieja, la mi vieja:

[...] Con respecto a las diferencias de pensar que según vos se acentúan te aseguro que será por poco tiempo. A aquello que tanto le temes se llega por dos caminos: el positivo, de un convencimiento directo, o el negativo, a través de un desengaño de todo. Yo llegué por el segundo camino, pero para convencerme inmediatamente de que hay que seguir por el primero. La forma en que los gringos tratan a América (acordáte que gringos son yanquis) me iba provocando una indignación creciente, pero al mismo tiempo estudiaba la teoría del porqué de su acción y la encontraba científica.

Después vino Guatemala y todo eso difícil de contar, de ver cómo todo el objeto del entusiasmo de uno se diluía por la voluntad de esos señores y cómo se fraguaba ya el nuevo cuento de la culpabilidad y criminalidad rojas, y cómo los mismos guatemaltecos traidores se prestaban a propagar todo eso para mendigar algo en el nuevo orden de cosas. En que momento dejé el razonamiento para tener algo así como la fe no te puedo decir, ni siquiera con aproximación, porque el camino fue bastante larguito y con muchos retrocesos. [...]

creoque simpatizamos mutuamente...

[...] Un acontecimiento político es haber conocido a Fidel Castro, el revolucionario cubano, muchacho joven, inteligente, muy seguro de sí mismo y de extraordinaria audacia; creo que simpatizamos mutuamente. [...]

paraquetengasunaidea historiaréelcaso...

México, julio 6 de 1956. Cárcel de la Gobernación

Queridos viejos:

Recibí tu carta (papá) aquí en mi nueva y delicada mansión de Miguel Schultz, junto con la visita de Petit que me informó de los temores de ustedes. Para que tengas una idea historiaré el caso.

Hace un tiempo, bastante tiempo ya, un joven líder cubano me invitó a ingresar a su movimiento, movimiento que era de liberación armada de su tierra, y yo, por supuesto, acepté. Dedicado a la ocupación de preparar físicamente a la muchachada que algún día debe poner los pies en Cuba, pasé los últimos meses manteniéndolos con la mentira de mi cargo de profesor. El 21 de junio (cuando hacía un mes que faltaba a mi casa en México pues estaba en un rancho de las afueras) cayó preso Fidel con un grupo de compañeros y en la casa figuraba la dirección donde estábamos nosotros, de manera que caímos todos en la redada. Yo tenía mis documentos que me acreditaban como estudiante de ruso, lo que fue suficiente para que se me considerara eslabón importante en la organización, y las agencias de noticias amigas de papá empezaron a bramar por todo el mundo.

Eso es una síntesis de los acontecimientos pasados; los futuros se dividen en dos: los mediatos y los inmediatos. De los mediatos, les diré, mi futuro está ligado a la revolución cubana. O triunfo con ésta o muero allá. (Ésta es la explicación de una carta algo enigmática y romántica que mandé a la Argentina hace algún tiempo). Del futuro inmediato tengo poco que decir porque no sé qué será de mí. Estoy a disposición del juez y será fácil que me deporten a la Argentina a menos que consiga asilo en un país intermedio, cosa que estimo sería conveniente para mi salud política.

De todas maneras tengo que salir al nuevo destino, que en esta cárcel o salga libre. Hilda retornará al Perú, que ya tiene nuevo gobierno y ha dado amnistía política.

Por motivos obvios disminuirá mi correspondencia, además, la policía mexicana tiene la agradable costumbre de secuestrar las cartas, de modo que no escriban sino cosas de la casa, banales. A Beatriz le das un beso, le explicás por qué no escribo y le dicen que no se preocupe en mandar diarios por ahora.

Estamos en vísperas de declarar una huelga de hambre indefinida por las detenciones injustificadas y las torturas a que fueron sometidos algunos de mis compañeros. La moral de todo el grupo es alta.

Por ahora sigan escribiendo a casa.

Si por cualquier causa que no creo puedo escribir más y luego me toca las de perder consideren estas líneas como de despedida, no muy grandilocuente, pero sincera.

Por la vida he pasado buscando mi verdad a los tropezones y ya en el camino y con una hija que me perpetúa he cerrado el ciclo. Desde ahora no consideraría mi muerte una frustración, apenas como Hikmet: "Sólo llevaré a la tumba la pesadumbre de un canto inconcluso".

Los besa a todos,

Ernesto

hoymesientounpoco comoelabuelitobueno…

[...] Hoy me siento un poco como el abuelito bueno que da consejos sanos: el Patojo se fue a Guatemala con un hermano "cabrón" que tiene. La cosa proviene de una conversación en la que le dije que él estaba huyendo de algo y no luchando, como pretendía en una carta a la madre que me leyera; al día siguiente resolvió irse y poco después el hermano lo acompañaba. Además de la guita que me prestó antes, le di $150 más que me prestó Piaza. Mi situación es rara, porque cuento con el sueldo de la Agencia Latina pero me mantienen con promesa, sin concretar nada. En el terreno científico tengo grandes esperanzas aunque la realidad todavía no me permite tenerlas. Inicié los estudios para hacer electroforesis con papel de filtros y espero empezar a trabajar sobre eso, dentro de 1-2 semanas. Escribo poco a mi casa, de modo que no sé mucho de allá.

paratoda obragrandese necesitapasión...

México, julio 15 de 1956

No soy Cristo y filántropo, vieja, soy todo lo contrario de un Cristo, y la filantropía me parece cosa de [palabra ilegible], por las cosas que creo, lucho con toda las armas a mi alcance y trato de dejar tendido al otro, en vez de dejarme clavar en una cruz o en cualquier otro lugar. Con respecto a la huelga de hambre estás totalmente equivocada: dos veces la comenzamos, a la primera soltaron a 21 de los 24 detenidos, a la segunda anunciaron que soltarían a Fidel Castro, el jefe del Movimiento, eso sería mañana, de producirse como lo anunciaron quedaríamos en la cárcel sólo dos personas. No quiero que creas como insinúa Hilda que los dos que quedamos somos los sacrificados, somos simplemente los que no tienen los papeles en condiciones y por eso no podemos valernos de los recursos que usaron nuestros compañeros. Mis proyectos son los de salir al país más cercano que me dé asilo, cosa difícil dada la fama interamericana que me han colgado, y allí estar listo para cuando mis servicios sean necesarios. Vuelvo a decirles que es fácil que no pueda escribir en un tiempo más o menos largo.

Lo que realmente me aterra es tu falta de comprensión de todo esto y tus consejos sobre la moderación, el egoísmo, etc., es decir las cualidades más execrables que pueda tener un individuo. No sólo no soy moderado sino que trataré de no serlo nunca, y cuando reconozca en mí que la llama sagrada ha dejado lugar a una tímida lucecita votiva, lo menos que pudiera hacer es ponerme a vomitar sobre mi propia mierda. En cuanto a tu llamado al moderado egoísmo, es decir, al individualismo ramplón y miedoso, a las virtudes de XX, debo decirte que hice mucho por liquidarlo, no precisamente a ese tipo desconocido, menguado, sino al otro, bohemio, despreocupado del vecino y con el sentimiento de autosuficiencia por la conciencia equivocada o no de mi propia fortaleza. En estos días de cárcel y en los anteriores de entrenamiento me identifiqué totalmente con los compañeros de causa. Me acuerdo de una frase que un día me pareció imbécil o por lo menos extraña, referente a la identificación tan total entre todos los miembros de un cuerpo combatiente, que el concepto yo había desaparecido totalmente para dar lugar al concepto nosotros. Era una moral comunista y naturalmente puede parecer una exageración doctrinaria, pero realmente era (y es) lindo poder sentir esa remoción de nosotros.

(Las manchas no son lágrimas de sangre, sino jugo de tomate.)

Un profundo error tuyo es creer que de la moderación o el "moderado egoísmo" es de donde salen inventos mayúsculos o obras maestras de arte. Para toda obra grande se necesita pasión y para la revolución se necesita pasión y audacia en grandes dosis, cosas que tenemos como conjunto humano. Otra cosa rara que te noto es la repetida cita de Tata Dios, espero que no vuelvas a tu redil juvenil. También prevengo que la serie de S.O.S. que lanzaron no sirve para nada: Petit se cagó, Lezica escurrió el bulto y le dio a Hilda (que fue contra mis órdenes) un sermón sobre las obligaciones del asilado político. Raúl Lynch se portó bien, desde lejos, y Padilla Nervo dijo que eran ministerios distintos. Todos podían ayudar pero a condición de que abjurara de mis ideales, no creo de vos que prefieras un hijo vivo y Barrabás a un hijo muerto en cualquier lugar cumpliendo con lo que él considere su deber. Las tratativas de ayuda no hacen más que poner en aprietos a ellos y a mí.

Además es cierto que después de deshacer entuertos en Cuba me iré a otro lado cualquiera y es cierto también que encerrado en el cuadro de una oficina burocrática o en una clínica de enfermedades alérgicas estaría jodido. Con todo, me parece que ese dolor, dolor de madre que entra en la vejez y que quiere a su hijo vivo, es lo respetable, lo que tengo obligación de atender y lo que además tengo ganas de atender, y me gustaría verte no sólo para consolarte, sino para consolarme de mis esporádicas e inconfesables añoranzas.

Vieja, te besa y te promete su presencia si no hay novedad. Tu hijo,

el Che

soypadre...

[...] Ha pasado mucho tiempo y muchos acontecimientos no se han declarado. Solamente expondré los más importantes. Desde el 15 de febrero de 1956 soy padre: Hilda Beatriz Guevara es la primogénita.

pasaréentoncesa hablardelachamaca...

México, abril 13 de 1956

Querida vieja:

[...] ya hasta había perdido la costumbre de escribir pero me he convencido que ésta es la única forma de recibir noticias de las altas esferas bonaerenses. [...]

Pasaré entonces a hablar de la chamaca: estoy muy contento con ella; mi alma comunista se expande pletórica: ha salido igualita a Mao Tsé Tung. Aun ahora ya se nota la incipiente pelada del medio de la bocha, los ojos bondadosos del jefe y su protuberante papada; por ahora pesa menos de los cinco kilos, pero con el tiempo los igualará. Es más malcriada que la generalidad de los chicos y come como comía yo según los cuentos de la abuela (de la abuela de ella), vale decir, chupando sin respirar hasta que la leche salga por la nariz.

con la adarga al brazo, todo fantasía

Querida mamá:

[...] Como recordarás, y si no lo recordás te lo recuerdo ahora, estaba empeñado en la redacción de un libro sobre la función del médico, etcétera, del que sólo acabé un par de capítulos que huelen a folletín tipo *Cuerpos y almas*, nada más que mal escrito y demostrando a cada paso una cabal ignorancia del fondo del tema; decidí estudiar. Además, tenía que llegar a una serie de conclusiones que se daban de patadas con mi trayectoria esencialmente aventurera; decidí cumplir primero las funciones principales, arremeter contra el orden de cosas, con la adarga al brazo, todo fantasía, y después, si los molinos no me rompieron el coco, escribir.

Te besa de nuevo, con todo el cariño de una despedida que se resiste a ser total.

Tu hijo

este año puede ser importante para mi futuro

[...] Fracasaron cinco puestos que se me ofrecían y me metí de camarógrafo con una pequeña compañía, mis progresos en el arte cinematográficos son rápidos. Mis proyectos para el futuro son nebulosos pero espero terminar un par de trabajos de investigación. Este año puede ser importante para mi futuro. Ya me fui de los hospitales. Escribiré con más detalle.

Ernesto Guevara ratifica su vocación de testimoniante en la Sierra Maestra. Desde México, durante los preparativos de la guerra, sus compañeros cubanos le han dado nuevo nombre que lo acompañará en sus trabajos y sus combates futuros: Che. Aquí, sin embargo, en las páginas de *El Cubano Libre*, periódico que continúa la tradición de la prensa cubana revolucionaria del siglo XIX, firma con el seudónimo de Francotirador.

Estos comentarios breves no son aún los *Pasajes de la guerra revolucionaria*, que comenzarían a aparecer, después del triunfo del 59, en las páginas de la revista *Verde Olivo* y que más tarde, en 1963, verían la luz nuevamente, ahora en forma de libro, en las Ediciones Unión.

Estos comentarios de la sección "Sin bala en el directo" de *El Cubano Libre*, escritos en la prisa de la guerra y con objetivos informativos e ideológicos de evidente inmediatez, tocan dos temas disímiles, sólo unidos por el agudo humor y la eficaz ironía del autor.

El hombre que escribe esas notas urgentes para la prensa rebelde es y no es el mismo viajero americano. Ha concretado rumbo manteniendo su capacidad de búsqueda y análisis, que lo llevará, después, a otras tierras, otras hazañas, otros combates.

Sigue presente su valoración de la amistad, ahora forjada, además, en el combate: ahí está su semblanza de Ciro Redondo, cuyo original se conserva y que no había sido publicada en libro hasta hoy. Y está también el filo de su humor, mostrado en la entrevista que le hiciera en la Sierra Maestra el periodista Jorge Ricardo Masetti, "el primer compatriota que veo en mucho tiempo".

"El cachorro asesinado", su narración que después formaría parte de *Pasajes de la guerra revolucionaria*, muestra a un escritor vigoroso y sensible, capaz de rescatar una parte necesaria de la ternura del mundo a través de una anécdota cotidiana.

—*VC*

05

de la guerra:
cronista en la
sierra maestra

confíenen quediossea argentino...

Sra. Celia de la Serna
Araoz 2180
Buenos Aires, Argentina

Queridos viejos,

Estoy perfectamente, gasté sólo dos y me quedan. Sigo trabajando en lo mismo. Las noticias son esporádicas y lo seguirán siendo, pero confíen en que Dios sea argentino.

Un gran abrazo a todos,
Tete

Días de liberación. Con la combatiente
Aleida March. Santa Clara, 1958.

elalmasenosllena
decompasión
sinbalaeneldirectoporfrancotirador

Las sociedades protectoras de animales hicieron desfilar frente al edificio de la ONU seis perros con carteles pidiendo clemencia para su congénere siberiano Laika, que vuela en los espacios siderales.

El alma se nos llena de compasión pensando en el pobre animal que morirá gloriosamente en aras de una causa que no comprende.

Pero no hemos oído que ninguna sociedad filantrópica norteamericana haya desfilado frente al noble edificio pidiendo clemencia para nuestros guajiros; y ellos mueren en buen número, ametrallados por los aviones P47 y B26, destrozados por los obuses enviados por los profetas y acribillados por los componentes M-15 de la tropa.

¿Sabrán los miembros de las sociedades filantrópicas que esas muertes se producen con armas suministradas por sus compatriotas desde el gobierno de Estados Unidos?

¿O será que, en el marco de las conveniencias políticas vale más una perra siberiana que mil guajiros cubanos?

semblanza
deciro

sinbalaeneldirectoporfrancotirador

De la lejana Artemisa, en el extremo opuesto de la isla, llegó un 26 de julio al Moncada, Ciro Redondo. Venía con un grupo de combatientes dirigidos por Fidel a retar a la tiranía en su terreno: el de la fuerza. El pueblo había perdido su fe en las decisiones pacíficas e iniciaba el largo camino de la revolución que hoy entra en su fase culminante.

Acompañó luego al jefe en sus largos días de cárcel de Isla de Pinos y en los preparativos de México. Vino entre los 82 del *Granma* como soldado y escaló sin grados hasta capitán en nuestra ruda lucha que cumplía un año 5 días después de su muerte.

Se distinguió por su fe inquebrantable y su fidelidad total a la revolución y fue un soldado distinguido entre los distinguidos; siempre de cara al peligro, siempre en el primer lugar de combate donde lo encontró la muerte, a la cabeza de su pelotón, cuando sólo contaba 26 años de edad.

Por el perenne sendero de la historia, el que sólo cubren los elegidos, se va Ciro Redondo, amigo sin par, revolucionario sin tacha.

En el bronce en que se eternice la victoria final, habrá que plasmar como recuerdo la mirada de águila de este Capitán del pueblo. Será justicia.

quécubanonos pareceelmundo

sinbalaeneldirectoporfrancotirador

A los firmes de nuestra Sierra llega la voz del mundo distante a través del radio y los periódicos, más explícitos en los sucesos de allá porque no pueden narrar los crímenes diarios de acá.

Así nos enteramos de los desórdenes y muertes en Chipre, Argelia, Ifni o Malaya. Todos tienen características comunes:

a) El poder gobernante "ha infligido numerosas bajas a los rebeldes"

b) No hay prisioneros

c) El gobierno "sin novedad"

d) Todos los revolucionarios, cualquiera sea el nombre del país o región, están recibiendo "ayuda solapada de los comunistas"

Qué cubano nos parece el mundo. Todo es igual: se asesina a un grupo de patriotas, tengan o no armas, sean o no rebeldes y se apunta el tanto a las armas opresoras "tras recia lucha". Se matan todos los testigos, por eso no hay prisioneros.

El gobierno nunca sufre una baja, lo que a veces es cierto, pues asesinar seres indefensos no es muy peligroso, pero a veces también es una soberana mentira y la S.M. es testigo.

Y, por último, la socorrida acusación de siempre: "comunistas". Comunistas son todos los que empuñan las armas cansados de tanta miseria, cualquiera sea el lugar de la tierra donde se produzca el hecho; demócratas son los que asesinan a ese pueblo indignado, sean hombres, mujeres o niños.

Todo el mundo es cubano y en todos lados ocurrirá como aquí: contra la fuerza bruta y la injusticia, el Pueblo dirá su última palabra, la de la victoria.

elprimercompatriotaque veoenmuchotiempo...

(entrevistadelperiodistaargentinojorgericardomasetti enlasierramaestra,abrildel958)

Cuando desperté estaba decepcionado. Había dormido plácidamente hasta las cinco y en ningún momento escuché metralla. Los guardias habían hecho una corta incursión, pero regresaron de inmediato a su cuartel al enterarse de que el Che no se encontraba en La Otilia y que estaría tendiéndoles alguna emboscada.

Había esperado anhelante el momento en que escuchase la voz de fuego, tendido en la semipenumbra de la sala, mientras Virelles, con la ametralladora sin seguro, se prometía a sí mismo un viaje a Buenos Aires, exclusivamente para escuchar tangos. Cerca de las dos, Sorí Marín y yo nos tendimos en los dos únicos colchones que había, y que juntos podían dar cabida a tres personas; pero no a los cinco que me encontré al despertar. Virelles se había ido a ocupar su posta y Cantellops roncaba sobre un sillón. Llibre apareció rascándose, a los pies de la cama, y me contó lo adolorido que había estado tratando de disolver toda la noche una reunión de granitos que le habían surgido imprevistamente en el estómago.

En pocos minutos lo que parecía un dormitorio se convirtió en comedor, oficina y enfermería. Todo el mundo estaba en pie y lo único que preguntaba, estuviese haciendo cualquier cosa, era si había llegado el comandante.

Guevara llegó a las seis. Mientras yo observaba admirado a un grupo de muchachos que se preocupaba insólitamente en hacer algo que yo hacía mucho tiempo había dejado de practicar: lavarse la cara, comenzaron a llegar desde distintos lados, grupos de rebeldes sudados, cargados con su mochila ligera y su pesado armamento. Los bolsillos estaban hinchados de balas y las cananas se cruzaban sobre el pecho dejado sin protección por una camisa sin botones.

Era la gente que había tendido la noche anterior una emboscada a la tropa de Sánchez Mosquera y volvía cansada, con sueño y con las ganas contenidas de trenzarse con los guardias del odiado coronel. A poco llegó Ernesto Guevara: Venía montado en un mulo, con las piernas colgando y la espalda encorvada prolongada en los caños de una beretta y de un fusil con mira telescópica, como dos palos que sostuviesen la armazón de su cuerpo aparentemente grande.

Cuando el mulo se fue acercando pude ver que le colgaba de la cintura una canana de cuero colmada de cargadores y una pistola. De los bolsillos de la camisa asomaban dos magazines, del cuello colgaba una cámara de fotos y del mentón anguloso algunos pelos que querían ser barbas.

Bajó del mulo con toda calma, asentándose en la tierra con unas botas enormes y embarradas, y mientras se acercaba a mí calculé que mediría un metro setenta y ocho y que el asma que padecía no debía crearle ninguna inhibición.

Sorí Marín hizo las presentaciones ante los ojos de veinte soldados que nunca habían visto a dos argentinos juntos, y que quedaron un poco decepcionados al ver que nos saludábamos con bastante indiferencia.

El famoso Che Guevara me parecía un muchacho argentino típico de clase media, y también me parecía una caricatura rejuvenecida de Cantinflas.

Me invitó a desayunar con él y comenzamos a comer casi sin hablar.

Las primeras preguntas fueron, lógicamente, de él. Y, lógicamente también, se refirieron a la política argentina.

Mis respuestas parecieron satisfacerle y a poco de hablar nos dimos cuenta que coincidíamos en muchas cosas y que no éramos dos sujetos peligrosos. Pronto hablamos sin muchas reservas —algunas manteníamos, como buenos argentinos de la misma generación— y comenzamos a tutearnos.

Un soldado guajiro que trataba de escucharnos hizo soltar a Guevara un comentario humorístico sobre la gracia que les causaba a los cubanos nuestra manera de hablar y la risa mutua nos unió casi de inmediato en un diálogo menos reticente.

Entonces le manifesté los motivos de mi viaje a la Sierra Maestra. El deseo de esclarecer, primero que nada ante mí mismo, qué clase de revolución era la que se libraba en Cuba desde hacía 17 meses; a quién respondía; cómo era posible que se mantuviese durante tanto tiempo sin el apoyo de alguna nación extranjera; por qué el pueblo de Cuba no terminaba de derribar a Batista, si realmente estaba con los revolucionarios, y decenas de

preguntas más, muchas de las cuales ya tenían respuesta en mi convicción, luego del viaje hasta La Otilia. Luego de sentir de cerca el terror de las ciudades y la metralla de los montes; luego de ver a guerrilleros desarmados participar en emboscadas suicidas para hacerse de un arma con la que pelear realmente; luego de escuchar explicar a los campesinos analfabetos, cada uno a su manera, pero claramente, por qué luchaban; luego de darme cuenta de que no estaba entre un ejército fanatizado capaz de tolerar cualquier actitud de sus jefes, sino entre un grupo de hombres conscientes de que cualquier desvío de la línea honesta que tanto los enorgullece significaría el fin de todo y la nueva rebelión.

Pero yo, pese a todo eso, desconfiaba. Me negaba a dejarme arrastrar por entero por mi simpatía hacia los campesinos combatientes, mientras no escrutase con la mayor severidad las ideas de quienes los conducían. Me negaba a admitir definitivamente que algún consorcio yanqui no estuviese empeñado en apoyar a Fidel Castro, pese a que los aviones a reacción que la misión aeronáutica norteamericana había entregado a Batista, habían ametrallado varias veces el lugar en donde me encontraba.

Mi primera pregunta concreta a Guevara, el joven médico argentino metido a comandante héroe y hacedor de una revolución que no tenía nada que ver con su patria fue:

—¿Por qué estás aquí?

Él había encendido su pipa y yo mi tabaco y nos acomodamos para una conversación que sabíamos larga. Me contestó con su tono tranquilo, que los cubanos creían argentino y que yo calificaba como una mezcla de lo cubano y lo mexicano:

—*Estoy aquí, sencillamente, porque considero que la única forma de liberar a América de dictadores es derribándolos. Ayudando a su caída de cualquier forma. Y cuanto más directa, mejor.*

—¿Y no temés que se pueda calificar tu intervención en los asuntos internos de una patria que no es la tuya, como una intromisión?

—En primer lugar, yo considero mi patria no solamente a la Argentina, sino a toda América. Tengo antecedentes tan gloriosos como el de Martí y es precisamente en su tierra en donde yo me atengo a su doctrina. Además, no puedo concebir que se llame intromisión al darme personalmente, al darme entero, al ofrecer mi sangre por una causa que considero justa y popular, al ayudar a un pueblo a liberarse de una tiranía, que sí admite la intromisión de una potencia extranjera que le ayuda con armas, con aviones, con dinero y con oficiales instructores. Ningún país hasta ahora ha denunciado la intromisión norteamericana en los asuntos cubanos ni ningún diario acusa a los yanquis de ayudar a Batista a masacrar a su pueblo. Pero muchos se ocupan de mí. Yo soy el extranjero entremetido que ayuda a los rebeldes con su carne y su sangre. Los que proporcionan las armas para una guerra interna no son entremetidos. Yo sí…

Guevara aprovechó la pausa para encender su pipa apagada. Todo lo que había dicho había salido de unos labios que parecían sonreír constantemente y sin ningún énfasis, de manera totalmente impersonal. En cambio yo estaba absolutamente serio. Sabía que tenía que hacer aún muchas preguntas que ya juzgaba absurdas.

—¿Y qué hay del comunismo de Fidel Castro?

Ahora la sonrisa se dibujó netamente. Dio una larga chupada a la pipa chorreante de saliva y me contestó con el mismo tono despreocupado de antes:

—Fidel no es comunista. Si lo fuese, tendría al menos un poco más de armas. Pero esta revolución es exclusivamente cubana. O mejor dicho, latinoamericana. Políticamente podría calificárselo a Fidel y a su movimiento, como "nacionalista revolucionario". Por supuesto que es antiyanqui, en la medida que los yanquis sean antirrevolucionarios. Pero en realidad no esgrimimos un antiyanquismo proselitista. Estamos contra Norteamérica —recalcó para aclarar perfectamente el concepto— porque Norteamérica está contra nuestros pueblos.

Me quedé callado para que siguiese hablando. Hacía un calor espantoso y el humo caliente del tabaco fresco era tan tonificante como el café que tomábamos en grandes vasos. La pipa en forma de S de Guevara colgaba humeante y se movía cadenciosamente a medida que seguía la charla con melodía cubano-mexicana.

—Al que más atacan con el asunto comunista es a mí. No hubo periodista yanqui que llegase a la Sierra, que no comenzase preguntándome cuál fue mi actuación en el Partido Comunista de Guatemala, —dando ya por sentado que actué en el partido comunista de ese país—, sólo por que fui y soy un decidido admirador del gobierno democrático del coronel Jacobo Arbenz.

—¿Ocupaste algún cargo en el gobierno?

—No, nunca. —Seguía hablando plácidamente, sin sacarse la pipa de los labios—. Pero cuando se produjo la invasión norteamericana traté de formar un grupo de hombres jóvenes como yo, para hacer frente a los aventureros fruteros. En Guatemala era necesario pelear y casi nadie peleó. Era necesario resistir y casi nadie quiso hacerlo.

Yo seguí escuchando su relato sin hacer preguntas. No había necesidad.

—De ahí escapé a México, cuando ya los agentes del FBI estaban deteniendo y haciendo matar directamente, a todos los que iban a significar un peligro para el gobierno de la United Fruit. En tierra azteca me volví a encontrar con algunos elementos del 26 de Julio que yo había conocido en Guatemala y trabé amistad con Raúl Castro, el hermano menor de Fidel. Él me presentó al jefe del Movimiento, cuando ya estaban planeando la invasión a Cuba.

Como la pipa se le había apagado, hizo una pausa para encender un tabaco y me convidó a mí con otro. Para señalar que existía aun detrás de la espesa cortina de humo le pregunté cómo se había incorporado a los revolucionarios cubanos.

—Charlé con Fidel toda una noche. Y al amanecer, ya era el médico de su futura expedición. En realidad, después de la experiencia vivida a través de mis caminatas por toda Latinoamérica y del remate de Guatemala, no hacía falta mucho para incitarme a entrar en cualquier revolución contra un tirano, pero Fidel me impresionó como un hombre extraordinario. Las cosas más imposibles eran las que encaraba y resolvía. Tenía una fe excepcional en que una vez que saliese hacia Cuba, iba a llegar. Que una vez llegado iba a pelear. Y que peleando, iba a ganar. Compartí su optimismo. Había que hacer, que luchar, que concretar. Que dejar de llorar y pelear. Y para demostrarle al pueblo de su patria que podía tener fe en él, porque lo que decía lo hacía, lanzó su famoso: "En el 56 o seremos libres o seremos mártires" y anunció que antes de terminar ese año iba a desembarcar en un lugar de Cuba al frente de su ejército expedicionario.

—¿Y que ocurrió al desembarcar?

Ya la conversación constituía tema para más de treinta auditores. Sentados en el suelo, con el arma entre las rodillas y las gorras protegiendo a los ojos de la reflexión solar, "los hombres del Che" fumaban y escuchaban atentamente, sin proferir una sola palabra. Un joven médico, barbudo, componía un dedo vendándolo perfectamente, sin prestar atención más que a lo que oía. Llibre, apasionado admirador de los jefes de la revolución pero vigilante doctrinario, analizaba cada una de las palabras de Guevara, rascándose los granos del estómago con las uñas

marrones de tierra arcillosa. Virelles, escuchaba durmiendo. Guillermito, un muchacho imberbe de melena larguísima, limpiaba su fusil con la misma atención que el médico componía el dedo. Desde algún lugar, llegaba a incorporarse al olor del tabaco, el de un chancho que estaban friendo en una marmita, al aire libre.

Guevara siguió relatando con el tabaco en la boca y las piernas cómodamente estiradas:

—Cuando llegamos nos deshicieron. Tuvimos un viaje atroz en el yate Granma, que ocupábamos 82 expedicionarios, aparte de la tripulación. Una tormenta nos hizo desviar el rumbo y la mayoría de nosotros estábamos descompuestos. El agua y los alimentos se habían terminado y para colmo de males, cuando llegamos a la isla, el yate varó en el barro. Desde el aire y de la costa nos tiraban sin parar y a poco, ya estábamos menos de la mitad con vida, —o con media vida, si se tiene en cuenta nuestro estado—. En total de los 82, solo quedamos con Fidel 12. Y en el primer instante, nuestro grupo se reducía a 7, puesto que los otros cinco se habían desperdigado. Eso era lo que quedaba del ambicioso ejército invasor del Movimiento 26 de Julio. Tendidos en la tierra, sin poder hacer fuego para no delatarnos, aguardábamos la decisión final de Fidel, mientras a lo lejos sonaban las baterías navales y las ráfagas de las ametralladoras de la aviación.

Guevara lanzó una corta carcajada al recordar.

—Qué tipo, este Fidel. Vos sabés que aprovechó el ruido de la metralla para

ponerse de pie y decimos: "Oigan como nos tiran. Están aterrorizados. Nos temen porque saben que vamos a acabar con ellos". Y sin decir una palabra más, cargó con su fusil y su mochila y encabezó nuestra corta caravana. Íbamos en busca del Turquino, el monte más alto y el más inaccesible de la Sierra, en el cual fijamos nuestro primer campamento. Los campesinos nos miraban pasar sin ninguna cordialidad. Pero Fidel no se alteraba. Los saludaba sonriendo y lograba a los pocos minutos entablar una conversación más o menos amistosa. Cuando nos negaban comida, seguíamos nuestra marcha sin protestar. Poco a poco el campesinado fue advirtiendo que los barbudos que andábamos "alzados", constituíamos precisamente todo lo contrario de los guardias que nos buscaban. Mientras el ejército de Batista se apropiaba de todo cuanto le conviniese de los bohíos —hasta las mujeres, por supuesto— la gente de Fidel Castro respetaba las propiedades de los guajiros y pagaba generosamente todo cuanto consumía. Nosotros notábamos no sin asombro, que los campesinos se desconcertaban ante nuestro modo de actuar. Estaban acostumbrados al trato del ejército batistiano. Poco a poco se fueron haciendo verdaderos amigos y a medida que librábamos encuentros con los grupos de guardias que podíamos sorprender en las sierras, muchos manifestaban su deseo de unirse a nosotros. Pero esos primeros combates en busca de armas, esas emboscadas que comenzaron a preocupar a los guardias, fueron también el comienzo de la más feroz ola de terrorismo que pueda imaginarse.

En todo campesino se veía a un rebelde en potencia y se le daba muerte. Si se enteraban de que habíamos pasado por una zona determinada, incendiaban los bohíos a los que pudimos llegar. Si llegaban a una finca y no encontraban hombres —porque estaban trabajando o en el pueblo— imaginaban o no que se habrían incorporado a nuestras filas, que cada día eran más numerosas, y fusilaban a todos los que quedaban. El terrorismo implantado por el ejército de Batista, fue indudablemente, nuestro más eficaz aliado en los primeros tiempos. La demostración más brutalmente elocuente para el campesinado de que era necesario terminar con el régimen batistiano.

El ruido del motor de un avión reclamó la atención de todos.

—¡Avión!— gritaron varios y todo el mundo echó a correr hacia el interior de La Otilia. En un segundo desaparecieron del secadero de café los arreos de las bestias y las mochilas y alrededor de la finca no se veía otra cosa que el sol que hacía blancos a los árboles, al secadero de cemento y al rojo camino de arcilla.

Una avioneta gris oscura apareció detrás de una loma e hizo dos amplios giros sobre La Otilia, a bastante altura, pero sin disparar ni una ráfaga. Minutos después desapareció.

Salimos todos de la casa, como si hubiésemos estado horas encerrados.

Le recordé a Guevara mi intención de encontrarme lo antes posible con Fidel Castro, para grabar mi reportaje y luego regresar hasta la planta para tratar de transmitirlo directamente a Buenos Aires. En pocos minutos se

me encontró un guía que conocía la zona de Jibacoa, en donde probablemente estaría operando Fidel y un mulo más o menos fuerte y sin demasiadas mataduras.

—Tenés que salir ahora mismo —me explicó Guevara— para llegar no muy tarde al primer campamento y mañana a la mañana seguís hasta Las Mercedes. Ahí quizás te puedan decir por dónde anda Fidel. Si tenés suerte, en tres días podés ubicarlo.

Monté en el mulo y me despedí de todos, comprometiendo a Guevara para encontrarnos en La Mesa unos días después cuando yo regresase con el reportaje grabado. Le entregué a Llibre varios rollos de fotos ya usados y dos cintas magnetofónicas, para que las guardase en la planta transmisora.

Era cerca del mediodía y el cerdo comenzaba a freír de nuevo, pasado el susto de la avioneta. El olor a grasa que tanto me descomponía al principio, me pareció delicioso. Mi estómago comenzaba a sentir la ofensiva del aire purísimo de la Sierra Maestra. Sorí Marín me acercó media docena de bananas que esta vez —nunca me pude enterar por qué— se llamaban malteños.

Guevara recomendó al guía mucho cuidado, al acercarnos a Las Minas.

—Es el primer compatriota que veo en mucho tiempo —gritó riendo— y quiero que dure por lo menos hasta que envíe el reportaje a Buenos Aires.

—Chau— saludé de lejos.

Y como treinta voces contestaron a los gritos y riendo, como si acabase de

hacer el saludo más cómico que pueda concebirse.

—Salimos del camino que llevaba a La Otilia y nos metimos por un campo de café. Los granos aún estaban verdes y no despedían más aroma que el de las plantas frescas. De vez en cuando las ramas trataban de quitarme la gorra, aprovechando que yo iba entretenido en pelar un malteño de cuarenta centímetros. Pero la proximidad de Las Minas, si bien no me quitaba el apetito, mantenía mi atención mucho más allá de la conducción del mulo o el pelar bananas. Mi guía —que tenía un sobrenombre muy apropiado para una señorita francesa que muestre las piernas, pero no para un guajiro barbudo y con pocos dientes: Niní— iba pocos metros delante, montado en una mulita paticorta. De improviso desmontó y se deslizó sin hacer ruido, hacia mí, por sobre el colchón de hojas. Antes de que hubiese llegado yo también había desmontado, y nos apartamos enseguida de los animales. El ruido de las ramas golpeando sobre algo que podría ser el casco de acero de algún guardia, se escuchaba ahora nítidamente. Niní corrió el seguro de su pistola.

—¿Qué hay compay?— gritó de pronto.

Un guajiro avanzaba dificultosamente entre los árboles de café, procurando que las ramas se enganchasen lo menos posible en la liviana caja rectangular de madera blanca que llevaba al hombro.

—¿Qué hubo?— respondió jadeante.

el cachorro
asesinado

Para las difíciles condiciones de la
Sierra Maestra, era un día de gloria.
Por Agua Revés, uno de los valles más
empinados e intrincados en la cuenca
del Turquino, seguíamos
pacientemente la tropa de Sánchez
Mosquera; el empecinado asesino
dejaba un rastro de ranchos
quemados, de tristeza hosca por toda
la región pero su camino lo llevaba
necesariamente a subir por uno de los
dos o tres puntos de la Sierra donde
debía estar Camilo. Podía ser en el

Siempre habrá una mascota.
Sierra Maestra, 1957.

firme de la Nevada o en lo que nosotros llamábamos el firme "del cojo", ahora llamado "del muerto".

Camilo había salido apresuradamente con unos doce hombres, parte de su vanguardia, y ese escaso número debía repartirse en tres lugares diferentes para detener una columna de ciento y pico de soldados. La misión mía era caer por las espaldas de Sánchez Mosquera y cercarlo. Nuestro afán fundamental era el cerco, por eso seguíamos con mucha paciencia y distancia las tribulaciones de los bohíos que ardían entre las llamas de la retaguardia enemiga; estábamos lejos, pero se oían los gritos de los guardias. No sabíamos cuántos de ellos habría en total. Nuestra columna iba caminando dificultosamente por las laderas, mientras en lo hondo del estrecho valle avanzaba el enemigo.

Todo hubiera estado perfecto si no hubiera sido por la nueva mascota: era un pequeño perrito de caza, de pocas semanas de nacido. A pesar de las reiteradas veces en que Félix lo conminó a volver a nuestro centro de operaciones —una casa donde quedaban los cocineros—, el cachorro siguió detrás de la columna. En esa zona de la Sierra Maestra, cruzar por las laderas resulta sumamente dificultoso por la falta de senderos. Pasamos una difícil "pelúa", un lugar donde los viejos árboles de la "tumba" —árboles muertos— estaban tapados por la nueva vegetación que había crecido y el paso se hacía sumamente trabajoso; saltábamos entre troncos y matorrales tratando de no perder el contacto con nuestros huéspedes. La pequeña columna marchaba con el silencio de estos casos, sin que apenas una rama rota quebrara el murmullo habitual del monte; éste se turbó de pronto por los ladridos desconsolados y nerviosos del perrito. Se había quedado atrás y ladraba desesperadamente llamando a sus amos para que lo ayudaran en el difícil trance. Alguien pasó al animalito y otra vez seguimos; pero cuando estábamos descansando en lo hondo de un arroyo con un vigía atisbando los movimientos de la hueste enemiga, volvió el perro a lanzar sus histéricos aullidos; ya no se conformaba con llamar, tenía miedo de que lo dejaran y ladraba desesperadamente.

Recuerdo mi orden tajante: "Félix, ese perro no da un aullido más, tú te encargarás de hacerlo. Ahórcalo. No puede volver a ladrar". Félix me miró con unos ojos que no decían nada. Entre toda la tropa extenuada, como haciendo el centro del círculo, estaban él y el perrito. Con toda lentitud sacó una soga, la ciñó al cuello del animalito y empezó a apretarlo. Los cariñosos movimientos de su cola se volvieron convulsos de pronto, para ir poco a poco extinguiéndose al compás de un quejido muy fijo que podía burlar el círculo atenazante de la garganta. No sé cuánto tiempo fue, pero a todos nos pareció muy largo el lapso pasado hasta el fin. El cachorro, tras un último movimiento nervioso, dejó de debatirse. Quedó allí, esmirriado, doblada su cabecita sobre las ramas del monte.

Seguimos la marcha sin comentar siquiera el incidente. La tropa de Sánchez Mosquera nos había tomado alguna delantera y poco después se oían unos tiros; rápidamente bajamos la ladera, buscando entre las dificultades del terreno el mejor camino para llegar a la retaguardia; sabíamos que Camilo había actuado. Nos demoró bastante llegar a la última casa antes de la subida; íbamos con muchas precauciones, imaginando a cada momento encontrar al enemigo. El tiroteo había sido nutrido pero no había durado mucho, todos estábamos en tensa expectativa. La última casa estaba abandonada también. Ni rastro de la soldadesca. Dos exploradores subieron el firme "del cojo", y al rato volvían con la noticia: "Arriba había una tumba. La abrimos y encontramos un casquito enterrado". Traían también los papeles de la víctima hallados en los bolsillos de su camisa. Había habido lucha y una muerte. El muerto era de ellos, pero no sabíamos nada más.

Volvimos desalentados, lentamente. Dos exploraciones mostraban un gran rastro de pasos, para ambos lados del firme de la Maestra, pero nada más. Se hizo lento el regreso, ya por el camino del valle.

Llegamos por la noche a una casa, también vacía; era en el caserío de Mar Verde, y allí pudimos descansar. Pronto cocinaron un puerco y algunas yucas y al rato estaba la comida. Alguien cantaba una tonada con una guitarra, pues las casas campesinas se abandonaban de pronto con todos sus enseres dentro.

No sé si sería sentimental la tonada, o si fue la noche, o el cansancio... Lo cierto es que Félix, que comía sentado en el suelo, dejó un hueso. Un perro de la casa vino mansamente y lo cogió. Félix le puso la mano en la cabeza, el perro lo miró, Félix lo miró a su vez y nos cruzamos algo así como una mirada culpable. Quedamos repentinamente en silencio. Entre nosotros hubo una conmoción imperceptible. Junto a todos, con su mirada mansa, picaresca con algo de reproche, aunque observándonos a través de otro perro, estaba el cachorro asesinado.

El hombre, medida de todas las cosas, habla aquí por mi boca y relata en mi lenguaje lo que mis ojos vieron." Esa cita de la primera juventud guevariana —valedera para los años por venir: todos los años de su vida— recuerda aquella del periodista y escritor Pablo de la Torriente Brau a punto de marchar hacia la Guerra Civil Española: "...mis ojos se han hecho para ver las cosas extraordinarias. Y mi maquinita para contarlas. Y eso es todo".

A ese lenguaje —el de la palabra escrita— el Che sumaría otro, el de la imagen fotográfica. La relación del Che con esa imagen fue doble: como objeto fotográfico, lo encontramos hoy a lo largo de libros y publicaciones, sonriente o adusto, con boina o despeinado, siempre carismático; como sujeto fotográfico, ahí está examinando su lente, sosteniendo el telefoto, recorriendo un sitio del mundo con la cámara al cuello.

Y aquí está, en este álbum personal, íntimo, pedazo de pequeña historia de ese oficio casi desconocido, a través del cual también miró el mundo para nosotros.

Comienza con un niño serrano, se continúa con los jóvenes reclutas de Minas de Frío y con una manifestación campesina en los primeros años del triunfo. Le siguen esa imagen en movimiento de una calle de Nueva Delhi y la visión abstracta que ofrece una estructura industrial. Allá abajo, en un canalizo de la Ciénaga de Zapata, una pequeña embarcación es perseguida por el lente del testimoniante desde un helicóptero.

Y aquí está finalmente ese mismo testimoniante, tras una campaña azarosa y terrible en el Congo, mirando a la cámara, a su cámara, en la habitación que ocupaba en Tanzania, donde escribió sus nuevos pasajes de la guerra, para la que había preparado su cuerpo y su espíritu "con delectación de artista".

"Artista de la lucha guerrillera", como lo llamó Fidel, pero, y también, artista de la palabra y de la imagen dejadas en la memoria con tenacidad y con pasión, con belleza y con sensibilidad. Medida de todas las cosas.

Y eso es todo.

—VC

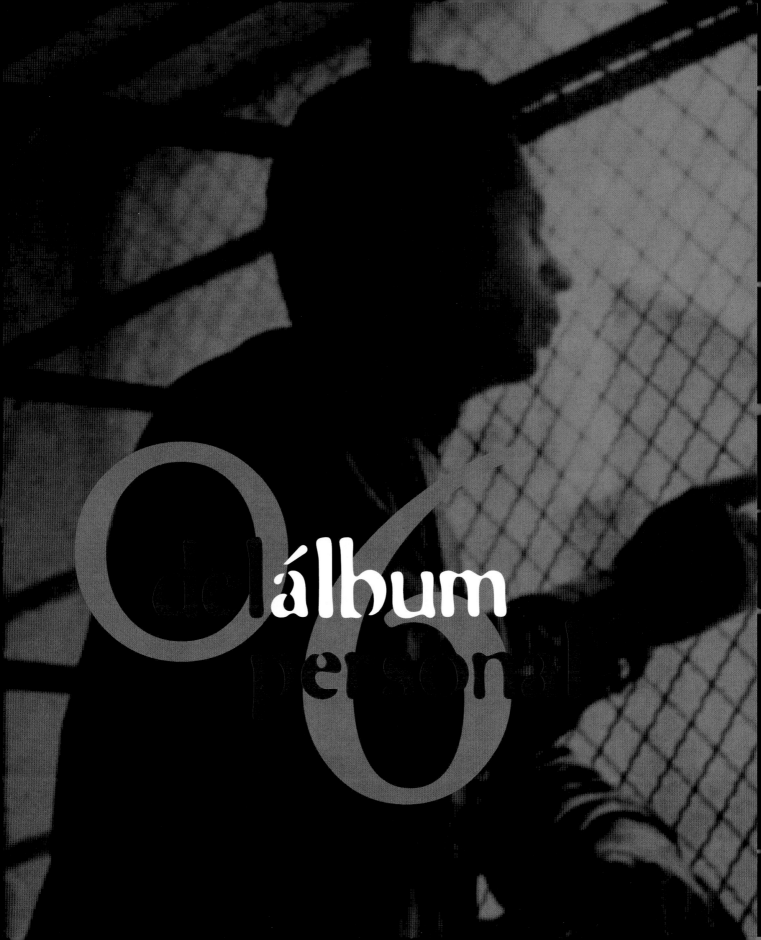

del álbum personal

Ambas fotos: "…como acontecimiento deportivo…
el ascenso al Popocatepetl…" México, 1955.

Izquierda: Una mirada a la Historia. Ruinas arqueológicas de Mitla, México, 1954.
Derecha: Chac-Mool en la Sala de las Columnas. Chichén-Itza, México, 1955.

Izquierda: El Castillo. Chichén-Itza, México, 1955.
Derecha: México, 1955.

Izquierda: El Cuadrángulo de las Monjas. Uxmal, México, 1955.
Derecha: Trincheras rebeldes. Mar Verde, Sierra Maestra, Cuba, 1963.

Izquierda: Mexico, 1955.

Derecha y próxima imagen: Acto Popular.
Caney de las Mercedes, Sierra Maestra, Cuba, 1959.

Izquierda: "...los nuevos tipos humanos que están naciendo en Cuba..."
Ciudad Escolar Camilo Cienfuegos, Sierra Maestra, 1959.

Derecha: Construyendo el futuro. Ciudad escolar Camilo Cienfuegos,
Sierra Maestra, 1959.

Siguiente: La industrialización en marcha. Oriente, 1961.

Izquierda: Construyendo el futuro. Reparto José Martí. La Habana, 1959.
Derecha: Desde un helicóptero. Ciénaga de Zapata, 1959.

Arriba: Sudeste asiático, 1959.
Abajo: "...país de contrastes..." India, 1959.

Arriba: India, 1959.
Abajo: India, 1959.

Izquierda: Autorretrato. Argentina, 1951.
Derecha: Autorretrato, Cuba, 1959.
Siguiente: Una mirada a sí mismo. Tanzania, 1966.

he testimoniante: aquí ejerce ese oficio que hemos venido siguiendo, frente a las preguntas de los periodistas. La palabra entrevista, la respuesta rápida frente a la curiosidad, el acoso o la mala fe. Al mismo tiempo: no dejar de decir la cosas que piensa, las verdades que se comparten y las críticas que sean necesarias.

Desde ese abordaje participante y sincero, que no rehuye el enfrentamiento, sino que lo asume con argumentos; que no prescinde de la crítica y la autocrítica, sino que las utiliza como otro instrumento de la lucha revolucionaria, reúne este libro este rápido montaje de fragmentos en que la palabra entrevista del Che sigue trayéndonos su ética y su firmeza a estos tiempos complejos que vivimos.

Las imágenes lo muestran aquí en diversos momentos de ese oficio, a veces difícil, de entrevistado. Si nos falta testimonio gráfico de su primera entrevista confesada en un apunte de su diario de viaje por la Argentina ("Aquí se me hizo el primer reportaje de mi vida para un diario de Tucumán"), lo vemos en cambio frente al cuestionario de un periodista en plena Sierra Maestra, o disparando sus respuestas frente a los micrófonos de la radio o la televisión. Los lápices de los caricaturistas, por otra parte, comentan la historia desde el humor y atrapan los rasgos esenciales del personaje, a veces confirmando aquel comentario de su compatriota Jorge Ricardo Masetti cuando lo vio por primera vez en las montañas cubanas: "me parecía una caricatura rejuvenecida de Cantinflas".

Desde la transcripción de su entrevista ofrecida a Radio Rivadavia de Argentina a pocos meses del triunfo revolucionario cubano, en noviembre de 1959, este agudo entrevistado nos recuerda temas que mantienen cruda vigencia en nuestros días:

"Si (el Fondo Monetario Internacional) es un elemento de liberación para América Latina, yo creo que tendría que habérselo demostrado, y hasta ahora no conozco ninguna demostración de que haya sucedido tal cosa. El FMI cumple funciones totalmente diferentes: la de asegurarse precisamente el control de toda la América, por parte de unos cuantos capitales que están instalados fuera de América (Latina)".

—VC

07
la palabra
entrevista

la con che
(eduardo

El miércoles por la noche el Che Guevara se las arregló para responder a mil preguntas: un enjambre de periodistas lo acribilló sin piedad, y el Che tuvo ocasión de demostrar su habilidad política. Sin etapas tuvo que saltar de los problemas del desarrollo económico a la admisión de Canadá dentro de la OEA; de ahí a las relaciones de Cuba con los países del Este y al asunto ese del aeroplano de la Pan American que había sido secuestrado ese mismo día.

No sólo eso; también tuvo que soportar impertinencias, estupideces; se las ingenió para tomar el toro por los cuernos cuando era preciso hacerlo, ejercitó su ironía a costa de más de un periodista. Un hombre con acento inglés dijo: "Yo soy periodista británico, ¿estamos en guerra o no estamos en guerra?"

"No parece británico", le respondió el Che.

Después, con indignación visible, explicó a Milton Fontaina, de Saeta TV: "Yo no tengo ex patrias. Sepa, señor, que mi patria es mucho más grande que la suya: América es mi patria". Los aplausos resonaban a menudo en la sala del hotel "Playa" y a menudo varias voces se levantaban a la vez. "No pregunto cuántos son sino que vayan saliendo", decía el Che, y les pedía que preguntaran, por favor, uno por uno.

el de revolucionario

Para vestir mi artículo con una nota de color, quiero preguntarle: cómo trabaja usted, si toma, si fuma, si le gustan las mujeres.

—No tomo; fumo. Dejaría de ser hombre si no me gustaran las mujeres; dejaría de ser revolucionario si por esa u otra razón, no cumpliera hasta el fin mis deberes revolucionarios. Trabajo de 16 a 18 horas por día; duermo 6 horas diarias, cuando puedo, y de lo contrario, menos.

Considero que tengo una misión que cumplir en el mundo, en aras de la cual debo sacrificar todo, los placeres corrientes, el hogar, la seguridad personal y quizás la propia vida. Éste es mi compromiso, del cual no puedo desligarme hasta el fin de mi vida.

Yo nací en la Argentina. Pero permítanme que les diga que Martí y Fidel son americanos. Tengo un *sustratum* cultural argentino, y al mismo tiempo me siento tan cubano como el que más. Siento el sufrimiento de cualquier país de América y también del mundo.

entrevistadejeandaniel

Guevara, ¿estima usted que Cuba podía hacer otra cosa que proclamar, en abril de 1961, la adhesión solemne y completa de esta República del Caribe al marxismo-leninismo?

Para contestar se vuelve repentinamente grave y abandona todo ese encanto que los cubanos usan con tanta generosidad.

Si usted me hace la pregunta porque nos encontramos en Argelia, y porque usted quiere saber si una revolución de un pueblo subdesarrollado puede hacerse, a pesar del imperialismo, sin unirse al campo de las naciones comunistas, en este caso le diré: tal vez; no sé nada de eso; es posible. Lo dudo un poco, pero no soy juez.

Pero si su pregunta es para hacerse una idea

acerca de la experiencia cubana, entonces le contesto categóricamente: no, no podíamos hacer de otro modo y a partir de cierto momento no queríamos hacer de otro modo. Nuestro compromiso con el bloque del Este es mitad el fruto del apremio y la otra mitad el resultado de una decisión. En la situación en que nos hemos encontrado y que nos permitió conocer mejor que nadie al imperialismo, hemos comprendido que era para nosotros la única manera de luchar con eficacia.

Es además por eso, para contestar a su pregunta demasiado directa, que deploramos los desacuerdos dentro de la familia comunista, ya que se producen justo en el momento en que entramos en esta familia.

[...] En Cuba, desde el principio, estamos publicando los textos soviéticos y los textos chinos con tanto respeto para los unos como para los otros. Si tenemos algún papel que jugar éste consiste en contribuir a la unidad del mundo comunista y tal vez podamos llegar a hacernos oír y a militar eficazmente por esta unidad por el hecho de nuestra posición geográfica particular; por el hecho también de que hablamos como vencedores del imperialismo.

GUEVARA

unapalabradelicada
(11denoviembredel1963)

Hay varias causas para el descenso de la rentabilidad y de la calidad: ¿En qué orden pondría usted éstas: Burocratismo, bloqueo, falta de técnicos, desorganización, problemas sindicales...?

—Yo diría en primer lugar el bloqueo. Y diría que usted ha puesto ahí como causas independientes, cosas que han dependido directamente del bloqueo y la agresión.

Por ejemplo, es cierto que estamos escasos de capacidad técnica. Parte importante de esa culpa, corresponde a los que han abandonado el país para irse al imperialismo, por cobardía o por egoísmo: ese problema, es pues también ocasionado por el bloqueo y la agresión.

Pondría en segundo lugar el burocratismo, pero el burocratismo es una palabra delicada.

entrevistacon estudiantes norteamericanos

Al concluir sus respuestas a los estudiantes, éstos le piden al Che Guevara que a su vez exprese lo que menos le agrada de la Revolución.

El Ministro de Industrias responde:

Lo que menos me agrada es nuestra falta de valentía en ocasiones para afrontar ciertas realidades, a veces económicas y a veces políticas.

Sobre todo económicas. A veces hemos tenido compañeros que siguen la política del avestruz, de esconder la cabeza. En los problemas económicos le hemos echado la culpa a la sequía, al imperialismo... a veces no hemos querido dar una noticia, no nos hemos decidido y después sólo ha quedado la versión de la "Voz de las Américas".

estandoenelpoder,lagran dificultadesmantener lalíneadeconducta...

(entrevistapararadiorivadaviadeargentina,3denoviembredel1959)

En un reportaje grabado en La Habana y transmitido aquí esta noche, por Radio Rivadavia, el Comandante del Ejército Revolucionario Cubano, Ernesto Che Guevara, dijo que *"pocos gobernantes han podido ir a los Estados Unidos y volver con la conciencia tranquila, como lo hizo nuestro Primer Ministro, Fidel Castro".*

El Comandante Guevara hizo aquella afirmación sobre Fidel Castro, al referirse a la diferencia de procederes que *"se observa entre los movimientos antes y después de obtener el poder. Estando en el poder, añadió Guevara, la gran dificultad es mantener una línea de conducta, frente a los inevitables ataques del capital monopolista extranjero y a la presión económica".*

"Si esta condición se lograra en la América Latina —añadió— se conseguiría una cohesión política para defender su posición en el campo internacional similar a la que se ha adoptado por los países de la zona afroasiática, los llamados del Pacto de Bandung, que a pesar de las enormes diferencias en sus sistemas sociales, que van desde sistemas prácticamente socialistas hasta sultanes internacionales, mantienen una cohesión envidiable para nuestros países de América".

Al referirse al Fondo Monetario Internacional (FMI) el Comandante Guevara expresó que *"si es un elemento de liberación para América Latina, yo creo que tendría que habérselo demostrado, y hasta ahora —recalcó— no conozco ninguna demostración de que haya sucedido tal cosa. El FMI cumple funciones totalmente diferentes: la de asegurar precisamente el control de toda la América, por parte de unos cuantos capitales que están instalados fuera de América".*

Guevara dijo también que el FMI *"sabe que en caso de producirse cualquier* agresión contra nosotros, responderemos en la medida en que ellos saben que nosotros hacemos las cosas. Los intereses del Fondo Monetario —agregó— son grandes intereses internacionales que hoy parecen que están asentados y tienen su base en Wall Street".

"El complejo problema del déficit de las balanzas comerciales —dijo—, se resuelve con la diversificación de la producción y la diversificación del comercio exterior. Mi viaje a los países afroasiáticos y europeos obedeció a la decisión del Gobierno cubano, de buscar nuevos mercados en todas partes del mundo. Nosotros tenemos la pretensión de comerciar con todos los países del mundo, porque no hay barreras ideológicas para el comercio".

Guevara agregó que *"lo único que puede interesar a Cuba de los países extranjeros es de qué productos disponen para intercambiar por los cubanos, y en qué condiciones quieren hacerlo".*

Anunció que durante su gira al exterior, y después de ella, se habían firmado o están en camino de firmarse convenios comerciales con distintos países, y se abrieron las posibilidades para el intercambio comercial entre Cuba y Yugoslavia, India, Ceilán, Indonesia, Dinamarca y Pakistán.

Señaló que los países visitados tienen un panorama político-social semejante al de Cuba, y que *"están luchando por su liberación, ya que tienen sus mercados y comercio exterior, controlados por intereses coloniales"*.

"Tienen la necesidad —agregó—, de reformas agrarias integrales, y la necesidad posterior de luchar por la industrialización. Cuba está alineada con ellos en el mismo camino, hacia una recuperación completa del país".

Reiteró que Cuba piensa desarrollar el comercio con los países de Europa, tanto del Este como del Oeste, *"ya que creemos que el comercio es una cosa y los problemas ideológicos, otros completamente distintos"*.

Dijo también que existe interés en que el comercio cubano se centre en un intercambio con todos los países de América y que se daría preferencia a cualquier negociación que se hiciera con país americano que de otro continente.

Luego de expresar que una definición económica directamente da una definición política, el Comandante Guevara dijo que *"los sectores cubanos que combaten al actual Gobierno Revolucionario, son el capital parásito, que ha sido directamente afectado por la tarea del Gobierno; entre ellos los grandes latifundistas"*.

Citó un latifundio de 150 mil hectáreas de una compañía de intereses norteamericanos —la Atlántica del Golfo— y afirmó que esos intereses no están vinculados con cierto tipo de capital latifundista norteamericano, que *"en algunos casos financió los intentos de golpes que se han visto aquí en los últimos tiempos. No dudamos —agregó— que se puedan producir algunos más en el futuro".* Al referirse al apoyo popular al Gobierno Revolucionario cubano, dijo que

"proviene de todos los sectores que tienen algo que ganar económica y moralmente: los sectores campesinos y obreros, fundamentalmente, y además, los sectores de la clase media, profesionales de todo tipo y comerciantes honestos".

"Los hombres —agregó—, no pueden ser sino representación de una ideología, de un modo de pensar; y de ese modo de pensar tiene que estar sustentado por una base popular amplia. Existen en América movimientos que pueden crear un nexo de apoyo y solidaridad a toda posición que signifique rechazar el sojuzgamiento económico y político de América Latina".

"*Llenan esas condiciones en mayor o menor grado —afirmó— el General Cárdenas, en México; Larrazábal, en Venezuela; Palacios, en Argentina; De Aranha, en Brasil, y otros*".

El Comandante Guevara señaló que "*la estructuración de cualquier movimiento latinoamericano que tuviera las bases comunes, tan fáciles de alcanzar entre pueblos de una misma estructura económica y de una parecida orientación política, en cuanto a anhelos populares, sería una medida muy saludable para el desarrollo de la futura lucha de América por su liberación completa*".

Afirmó que el "*magnífico discurso pronunciado por el General Cárdenas en La Habana, el 26 de julio de este año, contribuyó a afianzar las relaciones de Cuba con el estado mejicano*".

Al finalizar, el Comandante dijo que "*el hecho de que en Cuba no exista una sola mata de trigo, es una base para conversaciones que puedan llevar a un convenio comercial entre Argentina y Cuba*".

Aclaró que no ha renunciado a su nacionalidad argentina, pese a la ciudadanía cubana "por nacimiento", que le fue concedida por el Gobierno Cubano, y dijo que es muy difícil hacer un viaje a su país natal, "*pues tareas intensísimas a que se dedican todos los hombres del Gobierno Revolucionario prácticamente nos impiden salir del país, si no es con un fin, como ha sido, por ejemplo, nuestro viaje al Oriente*".

a amistad cruza la vida de este hombre, desde la infancia, cuando jugaba en las trincheras construidas en el patio de la casa de Altagracia, reconstruyendo hazañas escuchadas de la Guerra Civil Española, hasta el combate final de la Quebrada del Yuro, en octubre de 1967.

Este libro mismo está traspasado por ese sentimiento hermoso y humano: en cada capítulo es posible subrayar un nombre, destacar una anécdota sobre la amistad y sus buenos designios. Los recorridos aventureros a través de la Argentina o de la América toda, las experiencias guerrilleras en dos continentes van entregando hechos e historias donde, incluso entre luces y sombras, la amistad proyecta su humanidad, su maravilla.

Pero este pequeño capítulo del libro quiere detenerse brevemente en ese tema salvando sólo, de aquí y de allá, las líneas que siguen, escritas desde, para y a favor de la amistad.

El capítulo (¿el libro?) podría estar dedicado a la amistad mayor y símbolo de amistades, la de Camilo Cienfuegos. En ese caso podrían aparecer las propias palabras del Che en el prólogo a su libro *La guerra de guerrillas*:

"...a su gran Capitán, al más grande jefe de guerrillas que dio esta revolución, al revolucionario sin tacha y al amigo fraterno."

La carta de Camilo que incluimos en este capítulo, escrita con su laboriosa caligrafía, es parte del diálogo que durante tres años sostuvieron estos hombres, en los fragores del combate y en los complejos avatares de las relaciones humanas inmersas en profundos, cruciales momentos de cambio. En un discurso-homenaje a su compañero de invasión, el Che nos dejó estas tempranas y sabias definiciones:

Las revoluciones no son movimientos absolutamente puros; están realizados por hombres, y se gestan en el medio de luchas intestinas, de ambiciones, y desconocimientos mutuos. Y todo eso, cuando se va superando, se convierte en una etapa de la historia que, bien o mal, con razón o sin ella, se va silenciando y desaparece.

Nuestra historia también está llena de esas desavenencias, está llena de esas luchas que a veces fueron muy violentas; está llena de desconocimiento de nosotros mismos [...] Allí es donde hay también un gran trabajo de Camilo que se desconoce. Y fue evidentemente un factor de unidad.

Aquí se incluye también la crónica escrita por el Che sobre El Patojo, como muestra de la amistad nacida en las soledades y la lucha por la supervivencia en México, después de salir juntos de Guatemala, tras la invasión mercenaria que derribó el gobierno de Jacobo Árbenz.

En el apunte que narra aquel momento, Ernesto define el rasgo coincidente entre los dos nuevos amigos: "se llama Julio Roberto Cáceres Valle y también parece dominado por la obsesión de viajar".

Juntos conocieron "toda la Ciudad de México, caminándola de una punta a la otra para entregar las malas fotos que sacábamos, luchamos con toda clase de clientes para convencerlos de que realmente el niñito fotografiado lucía muy lindo y que valía la pena pagar un peso mexicano por esa maravilla".

Desde Cuba, a donde fue a trabajar después del triunfo revolucionario de 1959, El Patojo marchó a luchar por la independencia de su patria, Guatemala, y allí cayó en uno de los combates que dispersaron la naciente guerrilla. La última crónica de *Pasajes de la guerra revolucionaria* es también la despedida para este amigo de "espíritu introvertido, de una gran inteligencia, dueño de una cultura amplia y en constante desarrollo, de una profunda sensibilidad que estaba puesta, en los últimos tiempos, al servicio de su pueblo".

El diálogo de la amistad se continúa en este capítulo con dos textos que conversan en el tiempo y en la lejanía. El primero es una carta que Ernesto envió a su amiga Tita Infante, desde México, en octubre de 1956, "escondido y sin horizonte", pero a punto de una definición crucial en el horizonte de su vida: "sólo espero ver qué pasa con la revolución; si sale bien, voy para Cuba..." El otro documento es un testimonio conmovedor, escrito por su amiga epistolar de muchos años, antiguo recuerdo cercano al amor en su adolescencia cordobesa, escrito un año después de la muerte del Che, "quizás el más auténtico ciudadano del mundo".

—VC

08 ...al amigo fraterno

bienhaceelgigante encuidarte...

(cartadecamilocienfuegosalche)

Abril, 24/58

Che, Hermano del alma:

Recibí tu nota, veo que Fidel te ha puesto al frente de la Escuela Militar, mucho me alegra pues de ese modo podremos contar en el futuro con soldados de primera.

Cuando me dijeron que venías a "hacernos el regalo de tu presencia", no me agradó mucho. Tú has desempeñado papel principalísimo en esta contienda, si te necesitamos en esta etapa insurreccional, más te necesita Cuba cuando la guerra termine; por lo tanto, bien hace el Gigante en cuidarte.

Mucho me gustaría estar siempre a tu lado, fuiste por mucho tiempo mi jefe y siempre lo seguirás siendo. Gracias a ti tengo la oportunidad de ser ahora más útil, haré lo indecible por no hacerte quedar mal.

Tu eterno chicharrón,

Camilo

a

(prólogo che la de)

Este trabajo pretende colocarse bajo la advocación de Camilo Cienfuegos, quien debía leerlo y corregirlo pero cuyo destino le ha impedido esa tarea. Todas estas líneas y las que siguen pueden considerarse como un homenaje del Ejército Rebelde a su gran Capitán, al más grande jefe de guerrillas que dio esta revolución, al revolucionario sin tacha y al amigo fraterno.

Camilo fue el compañero de cien batallas, el hombre de confianza de Fidel en los momentos difíciles de la guerra y el luchador abnegado que hizo siempre del sacrificio un instrumento para templar su carácter y forjar el de la tropa. Creo que él hubiera aprobado este manual donde se sintetizan nuestras experiencias guerrilleras, porque son el producto de la vida misma, pero él le dio a la armazón de letras aquí expuesta la vitalidad esencial de su temperamento, de su inteligencia y de su audacia, que sólo se logran en tan exacta medida en ciertos personajes de la Historia.

Pero no hay que ver a Camilo como un héroe aislado realizando hazañas maravillosas al solo impulso de su genio, sino como una parte misma del pueblo que lo formó, como forma sus héroes, sus mártires o sus conductores en la selección inmensa de la lucha, con la rigidez de las condiciones bajo las cuales se efectuó.

No sé si Camilo conocía la máxima de Dantón sobre los movimientos revolucionarios, "audacia, audacia y más audacia"; de todas maneras, la practicó con su acción, dándole además el condimento de las otras condiciones necesarias al guerrillero: el análisis preciso y rápido de la situación y la meditación anticipada sobre los problemas a resolver en el futuro.

Aunque estas líneas, que sirven de homenaje personal y de todo un pueblo a nuestro héroe, no tienen el objeto de hacer su biografía o de relatar sus anécdotas, Camilo era hombre de ellas, de mil anécdotas, las creaba a su paso con naturalidad. Es que unía a su desenvoltura y a su aprecio por el pueblo, su personalidad; eso que a veces se olvida y se desconoce, eso que imprimía el sello de Camilo a todo lo que le pertenecía: el distintivo precioso que tan pocos hombres alcanzan de dejar marcado lo suyo en cada acción. Ya lo dijo Fidel: no tenía la cultura de los libros, tenía la inteligencia natural del pueblo, que lo había elegido entre miles para ponerlo en el lugar privilegiado a donde llegó, con golpes de audacia, con tesón, con inteligencia y devoción sin pares.

Camilo practicaba la lealtad como una religión; era devoto de ella; tanto de la lealtad personal hacia Fidel, que encarna como nadie la voluntad del pueblo, como la de ese mismo pueblo; pueblo y Fidel marchan unidos y así marchaban las devociones del guerrillero invicto.

¿Quién lo mató?

Podríamos mejor preguntarnos: ¿quién liquidó su ser físico? porque la vida de los hombres como él tiene su más allá en el pueblo; no acaba mientras éste no lo ordene.

Lo mató el enemigo, lo mató porque quería su muerte, lo mató porque no hay aviones seguros, porque los pilotos no pueden adquirir toda la experiencia necesaria, porque, sobrecargado de trabajo, quería estar en pocas horas en La Habana... y lo mató su carácter. Camilo, no medía el peligro, lo utilizaba como una diversión, jugaba con él, lo toreaba, lo atraía y lo manejaba; en su mentalidad de guerrillero no podía una nube detener o torcer una línea trazada.

Fue allí, cuando todo un pueblo lo conocía, lo admiraba y lo quería; pudo haber sido antes y su historia sería la simple de un capitán guerrillero. Habrá muchos Camilos, dijo Fidel; y hubo Camilos, puedo agregar, Camilos que acabaron su vida antes de completar el ciclo magnífico que él ha cerrado para entrar en la Historia, Camilo y los otros Camilos (los que no llegaron y los que vendrán), son el índice de las fuerzas del pueblo, son la expresión más alta de lo que puede llegar a dar una nación, en pie de guerra para la defensa de sus ideales más puros y con la fe puesta en la consecución de sus metas más nobles.

No vamos a encasillarlo, para aprisionarlo en moldes, es decir matarlo. Dejémoslo así, en líneas generales, sin ponerle ribetes precisos a su ideología socio-económica que no estaba perfectamente definida; recalquemos sí, que no ha habido en esta guerra de liberación un soldado comparable a Camilo. Revolucionario cabal, hombre del pueblo, artífice de esta revolución que hizo la nación cubana para sí, no podía pasar por su cabeza la más leve sombra del cansancio o de la decepción. Camilo, el guerrillero, es objeto permanente de evocación cotidiana, es el que hizo esto o aquello, "una cosa de Camilo", el que puso su señal precisa e indeleble a la Revolución Cubana, el que está presente en los otros que no llegaron y en aquellos que están por venir.

En su renuevo continuo e inmortal, Camilo es la imagen del pueblo.

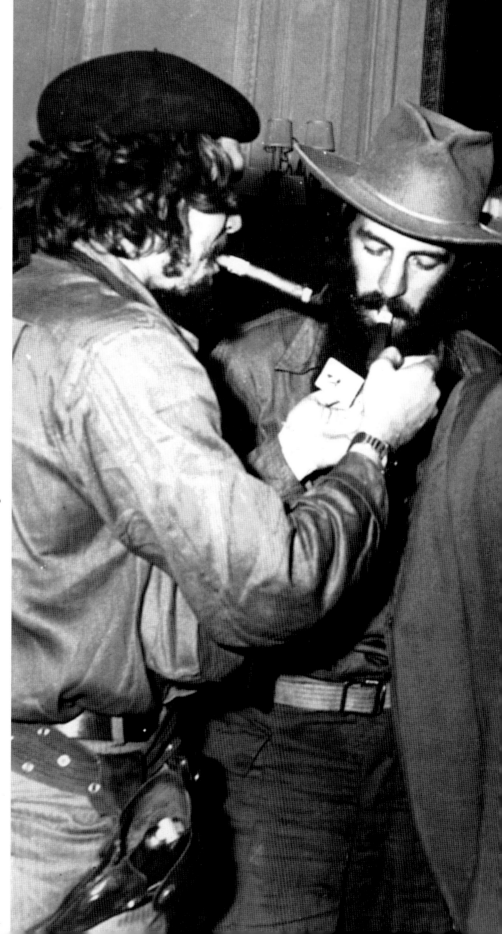

vivoconeseespírituanárquico
quemehacesoñarhorizontes

(cartaatitainfante)

[Aproximadamente octubre de 1956]

Querida Tita:

Hace tanto tiempo que no le escribo que ya he perdido esa confianza de la comunicación habitual (estoy seguro que usted no entenderá mucho de mi letra, le explicaré todo poco a poco).

Primero, mi indita tiene ya 9 meses, está bastante rica, tiene mucha vida, etcétera.

Segundo y principal: Hace tiempo, unos muchachos cubanos, revolucionarios, me invitaron a que ayudara al movimiento con mis "conocimientos" médicos y yo acepté porque Ud. debe saber que es el tipo de laburo que *me piace*. Fui a un rancho en las montañas a dirigir el entrenamiento físico, vacunar las huestes, etc., pero me puse tan salado (cubanería) que la policía arreó con todos, y como yo estaba chueco (mexicanada) en mis papeles me comí 2 meses de cárcel, amén de que me robaron la máquina de escribir, entre otras naderías, lo que provoca esta manuscrita misiva. Después cometió gobernación el grave error de creer en mi palabra de caballero y me pusieron en libertad para que abandonara el país en 10 días. De esto hace 3 meses y todavía estoy por aquí, aunque escondido y sin horizonte en México. Sólo espero ver qué pasa con la revolución; si sale bien, voy para Cuba, si sale mal empezaré a buscar país adonde sentar mis reales. Este año puede dar un vuelco en mi vida, aunque ya di tantos que no me asombra ni me conmueve mucho.

Por supuesto, todos los trabajos científicos se fueron al cuerno y ahora soy sólo un asiduo lector de Carlitos, y Federiquito, y otros itos. Me olvidé de contarle que al detenerme me encontraron varios libritos de ruso, amén de una tarjeta del Instituto de Intercambio Mexicano-Ruso, donde estudiaba el idioma por problema de reflejos condicionados.

Tal vez le interese saber que mi vida matrimonial está casi totalmente rota y se rompe definitivamente el mes que viene, pues mi mujer se va a Perú a ver a su familia, de la que está separada desde hace 8 años. Hay cierto dejo amarguito en la ruptura, pues fue una leal compañera y su conducta revolucionaria fue irreprochable durante mis vacaciones forzadas, pero nuestra discordancia espiritual era muy grande y yo vivo con ese espíritu anárquico que me hace soñar horizontes en cuanto tengo "la cruz de tus brazos y la tierra de tu alma", como decía Pablito [Pablo Neruda].

Me despido. No me escriba hasta la próxima que será con más noticias, por lo menos con domicilio fijo.

Reciba el siempre cariñoso abrazo de su amigo,

Ernesto

no levantes himnos de victoria en el día sin sol de la batalla

(evocación de tita infante a un año de la muerte del che)

Cuando se me pidió una colaboración para este Testimonio Argentino, comprendí, y así lo expresé, que la empresa estaba por encima de mis fuerzas. Pero cómo negarme a algo tan honroso. ¡Cómo sustraerse a semejante deber!

Hoy, frente a estas páginas aún en blanco, mi propósito se me aparece inabordable. Evocar el recuerdo de un gran hombre es siempre una tarea difícil. Si ese hombre, hoy, en 1968, es Ernesto Guevara, ella parece inalcanzable.

Hace justamente un año, cuando yo regresaba al país después de una muy larga ausencia, los primeros diarios que leí, azoradas las pupilas, temblorosas las manos y el aliento quebrado, traían las noticias, lentamente verificadas, de su trágica muerte, de ese asesinato incalificable del que pedirá cuentas América un día. Un año. Tan lejos ya. Tan fresco aún, como esa sangre que se bebió la tierra boliviana, como la mirada de sus grandes ojos que transcendiendo la muerte va más allá del tiempo y el espacio. Su cuerpo de valiente sobre una lona miserable, su hermosa cabeza, aureolada de barba y melena guerrilleras, su rostro de Cristo sin un rictus de dolor... Tierra y madera, agua de manantial, savia silvestre... Ernesto ha muerto, pero ya había nacido a la Eternidad. Vivió siempre siguiendo alegremente el camino hacia la

Tragedia. La muerte cerró su camino, pero le abrió nuevas puertas hacia la Vida que él tanto quiso. El recuerdo de su persona, de su vida, de su lucha, vivirá siempre en el corazón de los pueblos del mundo, porque Ernesto Guevara es uno de esos hombres con que el Destino regala raramente a la Humanidad.

A un año de su muerte mucho se ha escrito sobre él. Libros, artículos, estudios, ensayos, biografías. ¿Qué puedo yo decir de él?

Una estrecha amistad nos unió durante muchos años: casi seis de comunicación personal, luego otros de comunicación epistolar.

Comenzaba el año 1947. En un anfiteatro de Anatomía, en la Facultad de Medicina, escuché varias veces una voz grave y cálida, que con su ironía se daba coraje a sí mismo y a los demás frente a un espectáculo que sacudía aun al más insensible de esos futuros galenos. Por el acento, era un comprovinciano, por su aspecto, un muchachito bello y desenvuelto... El fuego que debía consumir su existencia yacía aún latente bajo su corteza de leño tierno, pero ya chisporroteaba en su mirada. Una mezcla de timidez y altivez, quizás de audacia, encubría una inteligencia profunda y un insaciable deseo de comprender y, allá en el fondo, una infinita capacidad de amar.

No pertenecimos nunca a ningún grupo ni cultural ni político común, tampoco a un círculo único de amigos. Ambos, por distintas razones, éramos un tanto extranjeros a esa Facultad, él quizás porque sabía que no podría encontrar allí sino muy poco de lo que buscaba. Nuestro contacto fue, pues, siempre individual. En la facultad, en los cafés, en mi casa, rara vez en la suya... También en el Museo de Ciencias Naturales, donde nos encontrábamos los miércoles para "estudiar la filogenia del Sistema Nervioso"; nos dedicábamos por aquel entonces a los peces, y así alternábamos entre disecciones, preparaciones, parafina, micrótomo, montaje de cortes, microscopio, etc., guiados a veces por un viejo profesor alemán. Pero siempre su conversación amena acortaba un poco esas horas que de otra manera se me hubieran hecho a veces demasiado largas. Nunca faltó a una cita y era puntual. Jamás olvidaba un llamado. ¡Qué extraña bohemia la suya!

Cada vez que un acierto nos sorprendía, repetíamos las estrofas de Gutiérrez que ambos queríamos:

**No levantes himnos de victoria
en el día sin sol de la batalla.**

Mucho pensé después cuántas veces él las habría repetido, en la Sierra Maestra, en el Congo, en Bolivia...

Toda su vida fue lucha, quizás por eso esos versos eran tan suyos.

Muchas veces le vi preocupado, grave o pensativo. Jamás verdaderamente triste ni amargo. No recuerdo un solo encuentro en el que faltara su sonrisa y una cálida ternura que los que le conocían de cerca sabían apreciar. En su conversación no había lugar para lo despreciable, con una frase breve hacía una crítica profunda, para seguir enseguida con algo positivo, hacia un futuro de construcción. No se lo percibía casi contra algo, sino por algo. Quizás por eso no ahogaba jamás ni un dejo de rencor.

Como aprovechaba los minutos hasta en el transporte, aparecía en general con un libro en la mano. A veces era un tomo de Freud: "Quiero repasar un historial clínico por un caso que me interesa". Otras, un texto de estudio. Otras, un clásico.

Nunca le sobró el dinero, al contrario. Por aquella época ganaba su vida trabajando con el doctor Pisani, en investigaciones sobre alergia. Pero su limitación económica no constituyó nunca una preocupación esencial ni le impidió jamás cumplir con lo que él consideraba una obligación. Ni su aparente desenfado ni el descuido en el vestir lograron disimular la sobria distinción de su persona.

Un recuerdo banal viene a mi memoria. Nos intercambiábamos libros con frecuencia. Una vez le presté *El pescador de esponjas*, de Panait Istrati; le gustó mucho y lo comentamos. Al cabo de un tiempo cayó con otro ejemplar del mismo: releyéndolo había perdido el mío y esperó hasta poder comprar otro para devolvérmelo. ¡Y se trataba del más modesto volumen, mal compaginado, adquirido por mí en una librería de viejo de Corrientes!

Nos unía mucha confianza y una gran intimidad, lo que nos permitió siempre confiarnos accidentes felices o desgraciados de nuestras vidas personales. Sin embargo, por ese íntimo pudor que le caracterizaba, podíamos contarnos tanto sin necesidad de hablar demasiado.

Como estudiante, no trabajaba mucho, pero sí bien. En el fondo de aquel muchacho siempre dispuesto a la "aventura", que "sentía a menudo bajo sus talones el costillar de Rocinante" para largarse a andar, había una profunda sed de saber. Pero no para almacenar tesoros en un espíritu alambicado, sino como la búsqueda incansable de la verdad, y con ella, de su Destino. Todo en él era coherencia, y cada experiencia o conocimiento, de cualquier tipo, se incorporaban en la integración de su persona.

Se recibió en menos de seis años, pese a sus viajes, al trabajo, al deporte (*rugby* y *golf* en aquella época) y a la gran parte de su vida que dedicaba a la lectura y al culto de la amistad. Sabía estudiar. Iba a la médula del problema y desde allí se extendía tanto cuanto sus planes se lo permitían. Podía

detenerse y profundizar, y mucho, cuando el problema lo apasionaba: leprología, alergia, neurofisiología, psicología profunda... E igualmente podía preguntar por teléfono, la víspera del examen, la clasificación de los vegetales en A, E, y C, según el porcentaje de calorías o de proteínas que tuvieran... Saltaba prácticos y teóricos con igual facilidad que otros obstáculos. Pero cuando empeñaba su palabra había de cumplirla a cualquier precio; así, le vi hacer los prácticos de Nutrición después de aprobado el examen final.

Cultivaba la amistad con dedicación y esmero, nutriéndola de su hondo sentido humano. Para él la amistad imponía deberes sagrados y otorgaba iguales derechos. Practicaba unos y otros. Pedía con la misma naturalidad con que daba, y esto en todos los órdenes de la vida.

La distancia no significaba ausencia para Ernesto, en cada viaje sus cartas, más o menos regulares según los avatares del camino o su estado financiero, prolongaban el diálogo amistoso. Algunas veces, amante de la fotografía, traían su estampa registrada en las circunstancias más diversas: enfermo en un hospital del Sur, irreconocible por la delgadez; sentado en rueda entre indígenas de una tribu de la selva brasileña; gordo, tras unas semanas de reposo o, también, en una publicidad del Gráfico... Conservaba las cartas de los amigos y jamás dejaba alguna sin respuesta.

Al regreso de su penúltimo viaje evocaba los 20 días pasados en Miami (paso los detalles pues están en todas

sus biografías) como los más duros y amargos de su vida. ¡Y no sólo por las dificultades económicas que le tocó vivir!

Mientras preparaba su último viaje, llegó un día para contarme con mucha risa y un poco de fastidio cómo el cónsul de Venezuela, quien se negaba a darle la visa (seguramente en la estadía anterior había dejado un "mal recuerdo" para los gobernantes de nuestras Américas), había confundido su crisis asmática con un estado de cólera amenazadora.

Hasta el día en que lo despedimos (reunió en su casa a sus amigos más íntimos) no conocí sino su gran sobriedad: no fumaba, no tomaba alcohol ni café, y su régimen alimentario era sumamente estricto. Su asma le imponía condiciones de vida a las que se sometía con severa disciplina.

Cada carta de Ernesto era una página literaria, llena de afecto, de gracia y de ironía; contaba sus aventuras y desventuras con pinceladas de comicidad que quitaban gravedad aun a los momentos más difíciles. En cada país se fundía en lo más autóctono, y sus intereses lo llevaban a visitar desde las ruinas incaicas hasta los leprosorios o las minas de cobre o de tungsteno. Rápidamente penetraba en la vida del pueblo y se ubicaba en el panorama político y social. Sus relatos eran amenos, de prosa fácil, pero pura y elegante. Pintaba las cosas y las gentes con realismo, sin eufemismos, con objetividad. y cuando hablaba de su vida íntima, ya sea con tristeza o alegría, lo hacía con sobriedad y pidiendo siempre una total reserva. Creo que aun en los peores momentos su amor a la vida era tan grande que sacaba optimismo de su lógica personal: "Cuando las cosas andan mal me consuela pensar que podrían andar peor y, además, que también pueden mejorar".

En agosto de 1958, cuando yo me preparaba a partir, me llamó por teléfono un joven periodista que yo no conocía para citarme en un café: era Masetti. Venía de pasar dos meses en la Sierra Maestra y traía una carta para la madre y otra para mí, con el pedido especial de que le escribiéramos tanto cuanto pudiéramos; aún recuerdo su pseudónimo: Teté Calvache, y varias direcciones en La Habana. Su afectividad, lejos de endurecerse en la lucha, se enriquecía, y pensaba con nostalgia en su tierra, en su madre y en sus amigos. Masetti habló largo rato de la Sierra Maestra: de todo y de todos, Fidel, Raúl, los campamentos... Pero nada, para él, tenía la talla de Ernesto, por sus características humanas, por su valor, por su capacidad multifacética. Si había que organizar el Registro Civil, o una escuela, o la fabricación del pan, o la reparación y fabricación de armas, allí estaba Ernesto para ocuparse y dirigirlo. Y en la lucha, siempre el primero.

De su valor legendario ya se hablaba y se construía poco a poco un anecdotario: con el comentario de aquellos jóvenes guatemaltecos que le conocieron y que luego de la caída de Árbenz encontraron en la Argentina un asilo muy peculiar.

Conocí la Victoria el 2 de enero estando en Florencia.

Pues bien, desde aquel 2 de enero de 1959 su vida dejó de ser privada y pasó a pertenecer a la historia. Nada puedo agregar.

Tuve, pues, el extraño privilegio de conocerlo profundamente, de haber tenido su confianza, de haber compartido una gran amistad que no supo jamás de olvidos ni de reticencias.

Le conocí muy joven, cuando era solamente Ernesto. Pero ya estaba en él el futuro Ernesto Che Guevara. Desde aquellos años juveniles le vi siempre progresar por su camino personal, siempre hacia adelante; jamás se detuvo y quien le conocía bien sabía no sólo que "hasta las antípodas no paraba", sino que iba hacia su Destino. Y que éste no sería nunca el de las vidas comunes. No sabía cómo ni cuándo, pero tuve siempre la certeza de que tras un largo camino llegaría hacia ese, su Destino. Siempre una sorpresa: una carta, un llamado, una noticia periodística. Pero jamás un verdadero asombro.

Hoy, a más de un año de su muerte, aún me resulta difícil ordenar en mi memoria y en mi espíritu los innumerables recuerdos e imágenes, tan teñidos de afecto están, tan confundidos en el dolor y la admiración.

Sentirse tan cerca y a la vez tan lejos de su figura de gigante, de ese semidiós que recuerda la leyenda helénica y los héroes medievales.

Es difícil unir tanta grandeza a su sensibilidad y ternura, a su riqueza humana.

Demasiado cálido para tallarlo en piedra.

Demasiado grande para imaginarlo nuestro.

Ernesto Guevara, argentino como el que más, fue quizás el más auténtico Ciudadano del Mundo.

el patojo

Hace algunos días, al referirse a los acontecimientos de Guatemala, el cable traía la noticia de la muerte de algunos patriotas y, entre ellos, la de Julio Roberto Cáceres Valle.

En este afanoso oficio de revolucionario, en medio de luchas de clases que convulsionan el Continente entero, la muerte es un accidente frecuente. Pero la muerte de un amigo, compañero de horas difíciles y de sueños de horas mejores, es siempre dolorosa para quien recibe la noticia y Julio Roberto fue un gran amigo. Era de muy pequeña estatura, de físico más bien endeble; por ello le llamábamos El Patojo, modismo guatemalteco que significa pequeño, niño.

El Patojo en México había visto nacer el proyecto de la Revolución, se había ofrecido como voluntario, además; pero Fidel no quiso traer más extranjeros a esta empresa de liberación nacional en la cual me tocó el honor de participar.

A los pocos días de triunfar la Revolución, vendió sus pocas cosas y con una maleta se presentó ante mí, trabajó en varios lugares de la administración pública y llegó a ser el primer jefe de personal del Departamento de Industrialización del INRA, pero nunca estaba contento con su trabajo. El Patojo buscaba algo distinto, buscaba la liberación de su país; como en todos nosotros, una profunda transformación se había producido en él, el muchacho azorado que abandonara Guatemala sin explicarse bien la derrota, hasta el revolucionario consciente que era ahora.

La primera vez que nos vimos fue en el tren, huyendo de Guatemala, un par de meses después de la caída de Árbenz; íbamos hasta Tapachula de donde deberíamos llegar a México. El

Patojo era varios años menor que yo, pero enseguida entablamos una amistad que fue duradera. Hicimos juntos el viaje desde Chiapas hasta la ciudad de México, juntos afrontamos el mismo problema; los dos sin dinero, derrotados, teniendo que ganarnos la vida en un medio indiferente cuando no hostil.

El Patojo no tenía ningún dinero y yo algunos pesos; compré una máquina fotográfica y juntos nos dedicamos a la tarea clandestina de sacar fotos en los parques, en sociedad con un mexicano que tenía un pequeño laboratorio donde revelábamos. Conocimos toda la ciudad de México, caminándola de una punta a la otra para entregar las malas fotos que sacábamos, luchamos con toda clase de clientes para convencerlos de que realmente el niñito fotografiado lucía muy lindo y que valía la pena pagar un peso mexicano por esa maravilla. Con este oficio comimos varios meses, poco a poco nos fuimos abriendo paso y las contingencias de la vida revolucionaria nos separaron. Ya he dicho que Fidel no quiso traerlo, no por ninguna cualidad negativa suya sino por no hacer de nuestro Ejército un mosaico de nacionalidades.

El Patojo siguió su vida trabajando en el periodismo, estudiando física en la Universidad de México, dejando de estudiar, retomando la carrera, sin avanzar mucho nunca, ganándose el pan en varios lugares y con oficios distintos, sin pedir nada. De aquel muchacho sensible y concentrado, todavía hoy no puedo saber si fue inmensamente tímido o demasiado orgulloso para reconocer algunas debilidades y sus problemas más íntimos, para acercarse al amigo a solicitar la ayuda requerida. El Patojo era un espíritu introvertido, de una

gran inteligencia, dueño de una cultura amplia y en constante desarrollo, de una profunda sensibilidad que estaba puesta, en los últimos tiempos, al servicio de su pueblo: hombre de partido ya, pertenecía al PGT*, se había disciplinado en el trabajo y estaba madurando como un gran cuadro revolucionario. De su susceptibilidad, de las manifestaciones de orgullo de antaño, poco quedaba. La revolución limpia a los hombres, los mejora como el agricultor experimentado corrige los defectos de la planta e intensifica las buenas cualidades.

Después de llegar a Cuba vivimos casi siempre en la misma casa, como correspondía a una vieja amistad. Pero la antigua confianza mutua no podía mantenerse en esta nueva vida y solamente sospeché lo que El Patojo quería cuando a veces lo veía estudiando con ahínco alguna lengua indígena de su patria. Un día me dijo que se iba, que había llegado la hora y que debía cumplir con su deber.

El Patojo no tenía instrucción militar, simplemente sentía que su deber lo llamaba e iba a tratar de luchar en su tierra con las armas en la mano para repetir en alguna forma nuestra lucha guerrillera. Tuvimos una de las pocas conversaciones largas de esta época cubana; me limité a recomendarle encarecidamente tres puntos: movilidad constante, desconfianza constante, vigilancia constante. Movilidad, es decir, no estar nunca en el mismo lugar, no pasar dos noches en el mismo sitio, no dejar de caminar de un lugar para otro. Desconfianza, desconfiar al principio hasta de la propia sombra, de los campesinos amigos, de los informantes, de los guías, de los contactos; desconfiar de todo, hasta tener una zona liberada.

El Patojo (extrema izquierda).

Vigilancia; postas constantes, exploraciones constantes, establecimiento del campamento en lugar seguro y, por sobre todas estas cosas, nunca dormir bajo techo, nunca dormir en una casa donde se pueda ser cercado. Era lo más sintético de nuestra experiencia guerrillera, lo único, junto con un apretón de manos, que podía dar al amigo. ¿Aconsejarle que no lo hiciera? ¿Con qué derecho, si nosotros habíamos intentado algo cuando se creía que no se podía, y ahora, él sabía que era posible?

Se fue El Patojo y, al tiempo, llegó la noticia de su muerte. Como siempre, al principio había esperanzas de que dieran un nombre cambiado, de que hubiera alguna equivocación, pero ya, desgraciadamente, está reconocido el cadáver por su propia madre; no hay dudas de que murió y no él sólo, sino un grupo de compañeros con él, tan valiosos, tan sacrificados, tan inteligentes quizás, pero no conocidos personalmente por nosotros.

Queda una vez más el sabor amargo del fracaso, la pregunta nunca contestada: ¿por qué no hacer caso de las experiencias ajenas?, ¿por qué no se atendieron más las indicaciones tan simples que se daban? La averiguación insistente y curiosa de cómo se producía el hecho, de cómo había muerto El Patojo. Todavía no se sabe muy bien lo ocurrido, pero se puede decir que la zona fue mal escogida, que no tenían preparación física los combatientes, que no se tuvo la suficiente desconfianza, que no se tuvo, por supuesto, la suficiente vigilancia. El ejército represivo los sorprendió, mató unos cuantos, los dispersó, los volvió a perseguir y, prácticamente, los aniquiló; algunos tomándolos prisioneros, otros, como El Patojo, muertos en el combate. Después de perdida la unidad de la guerrilla el resto probablemente haya sido la caza del hombre, como lo fue para nosotros en un momento posterior a Alegría de Pío.

Nueva sangre joven ha fertilizado los campos de América para hacer posible la libertad. Se ha perdido una nueva batalla; debemos hacer un tiempo para llorar a los compañeros caídos mientras se afilan los machetes y, sobre la experiencia valiosa y desgraciada de los muertos queridos, hacernos la firme resolución de no repetir errores, de vengar la muerte de cada uno con muchas batallas victoriosas y de alcanzar la liberación definitiva.

Cuando El Patojo se fue no me dijo que dejara nada atrás, ni recomendó a nadie, ni tenía casi ropa ni enseres personales en que preocuparse; sin embargo, los viejos amigos comunes de México me trajeron algunos versos que él había escrito y dejado allí en una libreta de notas. Son los últimos versos de un revolucionario pero, además, un canto de amor a la Revolución, a la Patria y a una mujer. A esa mujer que El Patojo conoció y quiso aquí en Cuba, vale la recomendación final de sus versos como un imperativo:

> Toma, es sólo un corazón
> tenlo en tu mano
> y cuando llegue el día,
> abre tu mano para que el Sol lo
> caliente…

El corazón de El Patojo ha quedado entre nosotros y espera que la mano amada y la mano amiga de todo un pueblo lo caliente bajo el sol del nuevo día que alumbrará sin duda para Guatemala, y para toda América. Hoy, en el Ministerio de Industrias donde dejó muchos amigos, en homenaje a su recuerdo hay una pequeña Escuela de Estadística llamada "Julio Roberto Cáceres Valle". Después cuando la libertad llegue a Guatemala, allá deberá ir su nombre querido, a una escuela, una fábrica, un hospital, a cualquier lugar donde se luche y se trabaje en la construcción de la nueva sociedad.

* Partido Guatemalteco del Trabajo.

esde el ejercicio de las diversas funciones que sucesivamente asumió después del triunfo revolucionario cubano, Che dedicó atención y tiempo a responder la copiosa correspondencia que recibía.

A esa otra forma de comunicación testimonial, la epistolar, pertenece esta pequeñísima muestra de cartas de cerca: un puñado de textos en los que aparecen criterios del autor sobre la necesidad de la honestidad y la ética testimoniales, su defensa de la verdad histórica, sus relaciones con la prensa cubana, a la que envía dos de las cartas que se incluyen aquí, con la solicitud, en uno de los casos, de que se publique, como una "descarga" suya.

Al incluir los textos epistolares del Che en este libro es imposible dejar de recordar aquella diáfana definición de Pablo de la Torriente Brau enviada, desde su exilio neoyorquino en 1936, a sus compañeros de luchas y de sueños: "Mis cartas son las actas oficiales de mi pensamiento. No tengo nunca miedo de escribir lo que pienso, con vistas al presente ni al futuro, porque mi pensamiento no tiene dos filos ni dos intenciones. Le basta con tener un solo filo bien poderoso y tajante que le brinda la interna y firme convicción de mis actos".

Esa resonancia ética se encuentra en la carta que el Che envió a la Unión de Escritores y Artistas de Cuba, para rechazar la descripción complaciente e inexacta de sus orígenes sociales que se proponía en la nota biográfica de *Pasajes de la guerra revolucionaria*.

La larga carta manuscrita dirigida a Armando Hart ("mi querido secretario" del Partido en aquel momento, a cargo de la esfera ideológica), fechada el 4 de diciembre de 1965, incluye la exposición de "algunas ideíllas sobre la cultura de nuestra vanguardia y de nuestro pueblo en general". Antes de proponer un programa de estudios políticos que apelara a la inteligencia y la creatividad del pensamiento, Che describe las debilidades que ha descubierto en ese terreno:

En este largo período de vacaciones le metí la nariz a la filosofía, cosa que hace tiempo pensaba hacer. Me encontré con la primera dificultad: en Cuba no hay nada publicado, si excluimos los ladrillos soviéticos que tienen el inconveniente de no dejarte pensar; ya el partido lo hizo por ti y tú debes digerir. Como método es lo más antimarxista, pero, además, suelen ser muy malos.

La carta a Haydée Santamaría ("Querida Yeyé") es otro homenaje a esa forma de la amistad forjada en los momentos de la lucha, en los que no están ausentes la poesía y la ternura, como lo demuestra la imagen que el Che recuerda: aunque convertida "en una literata con dominio de la síntesis", "como más me gustas es en un día de año nuevo, con todos los fusibles disparados y tirando cañonazos a la redonda".

Esa diversidad de acercamientos a través de sus cartas se produce, sin embargo, dentro de una característica que las unifica: la comunicación

testimonial fue para el Che un instrumento importante en las distintas etapas de su vida. Lo maravilloso, en su caso, es poder seguir la pista a ese desarrollo a través de países, épocas y situaciones, como intenta hacerlo este libro.

Dentro de esas cartas puede sentirse, en muchas ocasiones, el calor de la admiración y la amistad. La forma en que fueron escritas también ofrece información sobre la vocación y el estilo antiburocrático de su autor, ya constatado en los contenidos y las proyecciones de esos textos. La carta dirigida a Raúl Roa fue enviada desde la embajada cubana en París, y el autor la escribió directamente en una desconocida máquina de escribir, como puede confirmarse en el facsímil que se conserva.

La carta de Raúl Roa dirigida al Che, incluida en este libro como homenaje al ejercicio del humor desde estéticas quizás distintas pero coincidentes en sus resultados, se refiere a la nueva situación del destinatario como autor de libros, con la publicación de *La guerra de guerrillas*. El Canciller de la Dignidad cubano se ofrece para "interponer sus buenos oficios con Mao para que editen 600 millones de ejemplares en la lengua de Lao-tze".

Cartas de lejos y de cerca. Cartas en la memoria, también para ser leídas, como entonces, hoy y mañana.

—VC

cartas de
99 cerca

apablo díazgonzález

La Habana, 28 de octubre de 1963

"Año de la Organización"
Co. Pablo Díaz González,
Administrador Campo de Perf. Extr. de la Cuenca Central
Apartado 9. Majagua
Camagüey

Pablo:

Leí tu artículo. Debo agradecerte lo bien que me tratas; demasiado bien creo. Me parece, además, que tú también te tratas bastante bien.

La primera cosa que debe hacer un revolucionario que escribe historia es ceñirse a la verdad como un dedo en un guante. Tú lo hiciste, pero el guante era de boxeo y así no se vale.

Mi consejo: relee el artículo, quítale todo lo que tú sepas que no es verdad y ten cuidado con todo lo que no te conste que sea verdad.

Saludos revolucionarios de,

"Patria o Muerte. Venceremos".
Comandante Ernesto Che Guevara

a valentina gonzález bravo

Srta. Valentina González Bravo
Narciso López No. 35
Morón, Camagüey

Estimada Srta.:

Leí su carta en la cual me pide le dé facilidades para un adoctrinamiento reglamentario del "26 de Julio" oficial.

Admiro su interés por superarse; la felicito por el esfuerzo que hace y por los propósitos que la animan.

No creo que se pueda escribir bajo un adoctrinamiento reglamentario y además no existe el 26 de Julio oficial; creo que escribir es una forma de encarar problemas concretos y una posición que por sensibilidad se adopta frente a la vida.

Continúe trabajando que el triunfo coronará sus esfuerzos; vencer adversidades es, en la profesión que Ud. eligió, uno de los mejores medios para perfeccionarse.

Le saluda cordialmente,

Dr. Ernesto Che Guevara
Comandante Jefe del Departamento
Militar La Cabaña

a carlos
franqui

Comp. **Carlos Franqui**
Director Periódico *Revolución*
Ciudad

Compañero Franqui:

No me gustó el rotograbado del otro día; permíteme que te lo diga con toda franqueza y te diga el porqué, aspirando a que estas líneas se publiquen como una "descarga mía".

Dejando de lado pequeñeces que no hablan bien de la seriedad del periódico, como esas fotos con grupos de soldados apuntando a un supuesto enemigo y el ojo virado a la cámara, hay errores fundamentales:

1) Ese extracto de diario no es enteramente auténtico. La cosa fue así: me preguntaron (aún durante la guerra) si había llevado un diario de la invasión. Yo lo hice pero en forma de notas muy escuetas, para mi uso personal, y no tenía tiempo en aquellos momentos de desarrollarlo. De eso se encargó (no recuerdo ahora en qué circunstancias) un señor de Santa Clara que resultó ser bastante "picúo" y quiso agregar hazañas mediante adjetivos.

El poco valor que pudieran tener esas cuatro notas, acaba cuando pierden autenticidad.

2) Es falso que la guerra constituyera para mí una cosa de segundo orden por atender al campesinado. En aquel momento ganar la guerra era lo importante y creo haberme dedicado a esa tarea con todo el empeño de que era capaz. Después de entrar al Escambray, di dos días de descanso a una tropa que llevaba cuarenta y cinco días de marcha en condiciones extremadamente difíciles y reinicié operaciones tomando Güinía de Miranda. Si se pecó de algo, fue al contrario; poca atención a la difícil tarea de bregar con tanto "come vaca" como estaba alzado en esas dichosas lomas y muchos buches de bilis me costaron Gutiérrez Menoyo y su cuadrilla que tuve que tragar para poder dedicarme a la tarea central: La Guerra.

3) Es falso que Ramiro Valdés fuera "cercano colaborador del Che en asuntos organizativos" y no sé cómo pudo pasarte eso, como director, conociéndolo tan bien.

Ramirito estuvo en el Moncada, preso en Isla de Pinos, vino en el *Granma* como teniente, ascendió a capitán cuando yo fuera nombrado comandante, dirigió una columna como comandante, fue segundo jefe en la invasión y luego dirigió las operaciones del sector Este, mientras yo marchaba hacia Santa Clara.

Considero que la verdad histórica debe respetarse; fabricarla a capricho no conduce a ningún resultado bueno. Por eso —y ser actor de esa parte del drama— me animó a hacerte estas líneas críticas que quieren ser constructivas. Me parece que si hubieras revisado el texto podrían haberse obviado los errores.

Felices pascuas y un próximo año sin muchos titulares de impacto (por lo que ellos traen) te desea

Che

a ángel

La Habana, 11 de noviembre de 1963
"Año de la Organización"

Co. Juan Ángel Cardi,
Calle 17 No. 54 Apto. 22
Vedado, Habana

Compañero:

Acuso recibo de su comunicación de fecha 3 de octubre ppdo., en la que me adjuntaba capítulos de nueve de sus novelas inéditas.

No tengo inconveniente en que utilice lo que le parezca del diario de Las Villas. Recuerde, sin embargo, que al publicarlo fue adornado con lenguaje florido por un comemierda.

Leí el capítulo de *Pléyade* como quien busca la fotografía de un lugar conocido, sin embargo, no lo encontré. Da la impresión de que Ud. nunca hubiera estado en la Sierra y ni siquiera hubiera hablado con los actores de aquel momento. Si me permite, fraternalmente, debo decirle que no me parece que Ud. haya captado en toda su profundidad la grandeza de aquel momento.

Le apunto esto como una impresión, no como una crítica literaria; simplemente, como alguien que al buscar su imagen en una foto vieja, recuerdo de un grupo de amigos, por ejemplo, encuentre que alguna falla técnica, o el tiempo, ha dejado irreconocibles a los fotografiados.

Si le sirve de algo esta observación, me alegro, si no no tome a mal mi franqueza. No sé cuál es su edad, ni su vocación de escritor; la única pasión que me guía en el campo que Ud. transita es transmitir la verdad (no me confunda con un defensor a ultranza del realismo socialista). Desde ese punto de vista miro todo.

Lo saluda y le desea éxitos en su peregrinaje editorial,

Cmdte. Ernesto Che Guevara

abernabé ordaz

26 de mayo de 1964

"Año de la Economía"
Dr. Eduardo B. Ordaz Ducungé
Director Hospital Psiquiátrico
La Habana

Estimado Ordaz:

Acuso recibo de la Revista. Aunque tengo muy poco tiempo, me parecen muy interesantes los temas y trataré de darles una leída.

Tengo otra curiosidad: ¿Cómo pueden imprimirse 6 000 ejemplares de una revista especializada, cuando ni siquiera hay esa cantidad de médicos en Cuba?

Me salta una duda que lleva a mi ánimo a los umbrales de una psicosis neuro-económica: ¿Estarán las ratas usando la revista para profundizar sus conocimientos psiquiátricos o templar sus estómagos; o tal vez cada enfermo tenga en su cabecera un tomo de la publicación?

En todo caso hay 3 000 ejemplares de más en el número de la tirada; te ruego que pienses sobre esto.

En serio, la revista está buena, la tirada es intolerable. Créemelo, porque los locos dicen siempre la verdad.

Revolucionariamente,
"Patria o Muerte. Venceremos".
Comandante Ernesto Che Guevara

a miguel a quevedo director de la revista bohemia

La Habana, 23 de mayo de 1959

Dr. Miguel Ángel Quevedo,
Director de la Revista *Bohemia*
Ciudad

De mi consideración:

Esperando de su tradicional espíritu democrático, el respeto a las normas de libertad de prensa, le remito estas líneas de contestación al miserable gángster internacional que tiene el pomposo título de redactor de la página latinoamericana de la Revista *Bohemia*.

No es mi intención defenderme de las falaces imputaciones y de la insidiosa puntualización de mi nacionalidad argentina; soy argentino y nunca renegaré de mi Patria de origen (si me perdona el atrevimiento histórico por la comparación, tampoco Máximo Gómez renunció a su Patria dominicana) pero me siento cubano, independientemente de las leyes que lo certifiquen o no, porque como cubano compartí los sacrificios de este pueblo en las horas de la lucha armada y comparto hoy sus esperanzas en la hora de las realizaciones. No soy comunista tampoco (si lo fuera, lo afirmaría a los cuatro vientos, como afirmo mi condición de luchador por las causas populares y reafirmo mi esperanza de que las armas del propio pueblo de cada país oprimido limpien de dictadorzuelos el panorama americano). Sucede que los amos de Jules Dubois, la United Fruit y otras compañías, fruteras, mineras, ganaderas, telefónicas o eléctricas, explotadoras del pueblo en una palabra, han ordenado desatar la clásica cortina de las mentiras asalariadas.

Que no se engañen los esclavos ni los amos: la palabra de Fidel Castro fue terminante, "si nos agreden le damos armas hasta al gato". Es obvio, Sr. Dubois, que para darles armas al gato hay que enseñárselas a usar y no crea que encontrará usted o los otros esclavos que puedan venir a estas tierras un hato de corderos atemorizados; encontrará un pueblo vibrante y unido dispuesto a la lucha armada hasta más allá del último cartucho, como lo dijera nuestro Primer Ministro en su última comparecencia ante la prensa.

Los hombres de la Revolución, por encima de las divergencias tácticas que puedan existir en determinados momentos, están firmemente unidos y no valdrán insidias ni amenazas para separarlos en su único camino hacia la consecución de las grandes metas del pueblo de Cuba: Reforma Agraria, Reforma Arancelaria, Reforma Fiscal, cuya traducción es industrialización del país y su consecuencia última: mejoramiento del nivel de vida del pueblo, liberación nacional, dignidad internacional.

Reciba, Sr. Quevedo, las muestras de mi consideración, aunque no pueda felicitarle por el chacal disfrazado de cordero que dejó introducir en las páginas de su Revista.

Ernesto Che Guevara
Comandante-Jefe del R.M.A.

a armando hart

A Armando Hart
4/12/65

Mi querido Secretario:

Te felicito por la oportunidad que te han dado de ser Dios; tienes 6 días para ello. Antes de que acabes y te sientes a descansar (si es que no eliges el sabio método del Dios predecesor, que descansó antes), quiero exponerte algunas ideíllas sobre la cultura de nuestra vanguardia y de nuestro pueblo en general.

En este largo período de vacaciones le metí la nariz a la filosofía, cosa que hace tiempo pensaba hacer. Me encontré con la primera dificultad: en Cuba no hay nada publicado, si excluimos los ladrillos soviéticos que tienen el inconveniente de no dejarte pensar; ya el partido lo hizo por ti y tú debes digerir. Como método, es lo más antimarxista, pero, además suelen ser muy malos. La segunda, y no menos importante, fue mi desconocimiento del lenguaje filosófico (he luchado duramente con el maestro Hegel y en el primer *round* me dio dos caídas). Por ello hice un plan de estudio para mí que, creo, puede ser estudiado y mejorado mucho para constituir la base de una verdadera escuela de pensamiento; ya hemos hecho mucho, pero algún día tendremos también que pensar. El plan mío es de lecturas, naturalmente, pero puede adaptarse a publicaciones serias de la Editora Política.

Si le das un vistazo a sus publicaciones podrás ver la profusión de autores soviéticos y franceses que tiene. Esto se debe a comodidad en la obtención de traducciones y a seguidismo ideológico. Así no se da cultura marxista al pueblo, a lo más, divulgación marxista, lo que es necesario, si la divulgación es buena (no es este el caso), pero insuficiente.

Mi plan es este:

I. Clásicos filosóficos

II. Grandes dialécticos y materialistas

III. Filósofos modernos

IV. Clásicos de la economía y precursores

V. Marx y el pensamiento marxista

VI. Construcción socialista

VII. Heterodoxos y capitalistas

VIII. Polémicas

Cada serie tiene independencia con respecto a la otra y se podría desarrollar así:

I. Se toman los clásicos conocidos ya traducidos al español, agregándoles un estudio preliminar serio de un filósofo, marxista si es posible, y un amplio vocabulario explicativo. Simultáneamente, se publica un diccionario de términos filosóficos y alguna historia de la filosofía. Tal vez pudiera ser Dennyk y la de Hegel. La publicación podría seguir cierto orden cronológico selectivo, vale decir, comenzar por un libro o dos de los más grandes pensadores y desarrollar la serie hasta acabarla en la época moderna, retornando al pasado con otros filósofos menos importantes y aumentando volúmenes de los más representativos, etcétera.

II. Aquí se puede seguir el mismo método general, haciendo recopilaciones de algunos antiguos (hace tiempo leí un estudio que estaban Demócrito, Heráclito y Leucipo, hecho en la Argentina).

III. Aquí se publicarían los más representativos filósofos modernos, acompañados de estudios serios y minuciosos de gente entendida (no tiene que ser cubana) con la correspondiente crítica cuando representen los puntos de vista idealistas.

IV. Se está realizando ya, pero sin orden ninguno y faltan obras fundamentales de Marx. Aquí sería necesario publicar las obras completas de Marx y Engels, Lenin, Stalin y otros grandes marxistas. Nadie ha leído nada de Rosa Luxemburgo, por ejemplo, quien tiene errores en su crítica de Marx (III tomo) pero murió asesinada, y el instinto del imperialismo es superior al nuestro en estos aspectos. Faltan también pensadores marxistas que luego se salieron del carril, como Kautzky e Hilfering (no se escribe así) que hicieron aportes y muchos marxistas contemporáneos, no totalmente escolásticos.

V. Construcción socialista. Libros que traten problemas concretos, no sólo de los actuales gobernantes, sino del pasado, haciendo averiguaciones serias sobre los aportes de filósofos y, sobre todo, economistas o estadistas.

VI. Aquí vendrían los grandes revisionistas (si quieren pueden poner a Jrushov) bien analizados; más profundamente que ninguno, y debía estar tu amigo Trotsky, que existió y escribió, según parece. Además, grandes teóricos del capitalismo como Marshal, Keynes, Schumpeter, etc. También analizados a fondo con la explicación de los por qué.

VII. Como su nombre lo indica, este es el más polémico, pero el pensamiento marxista avanzó así. Proudhon escribió *Filosofía de la miseria* y se sabe que existe por la *Miseria de la filosofía*. Una edición crítica puede ayudar a comprender la época y el propio desarrollo de Marx, que no estaba completo aún. Están Robertus y Durhing en esa época y luego los revisionistas y los grandes polémicos del año 20 en la URSS, quizás las más importantes para nosotros.

Ahora veo, que me faltó uno, por lo que cambio el orden (estoy escribiendo a vuela pluma).

Sería el IV, clásicos de la economía y precursores, donde estarían desde Adam Smith, los fisiócratas etcétera.

Es un trabajo gigantesco, pero Cuba lo merece y creo que lo pudiera intentar. No te canso más con esta cháchara. Te escribí a ti porque mi conocimiento de los actuales responsables de la orientación ideológica es pobre y, tal vez, no fuera prudente hacerlo por otras consideraciones (no sólo la del seguidismo, que también cuenta).

Bueno, ilustre colega (por lo de filósofo), te deseo éxito. Espero que nos veamos el séptimo día. Un abrazo a los abrazables, incluyéndome de pasada, a tu cara y belicosa mitad.

R.

alaUNEACsobre pasajesdelaguerra revolucionaria

La Habana, 23 de junio de 1963
"Año de la Organización"

[...] UNEAC
Ciudad

Compañero:

Nadie puede saber de sí mismo hasta qué punto son merecidos los elogios. En todo caso me caen mal y me parecen innecesarios.

Me referiré a ciertas inexactitudes de fondo y de forma:

De fondo: Los antepasados que "dieron muestras de un odio a los opresores del pueblo" eran miembros de la gran oligarquía vacuna argentina y la lucha contra Rosas nunca tuvo un carácter popular.

Desde el punto de vista marxista no se puede catalogar a los opositores de Juan Manuel Rosas como progresistas.

Incidentalmente, no tuve ninguna preocupación social en mi adolescencia y no tuve ninguna participación en las luchas políticas o estudiantiles en la Argentina.

De forma: Este no es un libro, es una recopilación de apuntes.

Con saludos revolucionarios de

PATRIA O MUERTE
VENCEREMOS

Comandante Ernesto Che Guevara

haydée

Querida Yeyé:

Armando y Guillermo me contaron tus tribulaciones. Respeto tu decisión y la comprendo, pero me hubiera gustado darte un abrazo personalmente en vez de este epistolar. Las reglas de seguridad durante mi estancia aquí han sido muy severas y eso me ha privado de ver mucha gente a la que quiero (no soy tan seco como a veces parezco). Ahora estoy viendo a Cuba casi como un extranjero que llegara de visita; todo desde un ángulo distinto. Y la impresión, a pesar de mi aislamiento, hace comprender la impresión que se llevan los visitantes.

Te agradezco los envíos medicamentoso-literarios. Veo que te has convertido en una literata con dominio de la síntesis, pero te confieso que como más me gustas es en un día de año nuevo, con todos los fusibles disparados y tirando cañonazos a la redonda. Esa imagen, y la de la sierra (hasta nuestras peleas de aquellos días me son gratas en el recuerdo) son las que llevaré de ti para uso propio. El cariño y la decisión de todos ustedes nos ayudarán en los momentos difíciles que se avecinan.

Te quiere,
tu colega

de **raúl** roa

La Habana, 19 de diciembre, 1963

Che:

Aunque con gran retraso, te remito un ejemplar de la versión inglesa de tu libro *Guerra de Guerrillas.*

Si te interesa puedo interponer mis buenos oficios con Mao, para que editen 600 millones de ejemplares en la lengua de Lao-tze.

Un abrazo de

Raúl Roa

raúl

EMBAJADA DE CUBA
FRANCIA
Enero 30

Viejito:

Te escribo estas líneas para darte una idea del viaje y de tus cuadros, vista a través del ojo crítico de éste tu embajador viajero.

El de aquí luce el cuadro más sólido. Tiene personalidad y organización pero Francia está muy descuidada; Prensa Latina no tiene ni un teletipo y está al margen de la noticia en un lugar donde ésta se produce a diario y cada vez tiene más importancia.

Papito sigue con su sífilis creadora, según acertada definición de algún intelectual de izquierda. Se le puede ocurrir inundar el Sahara con las aguas del Almendares, pero necesita luego una serie de cuadros que hagan el trabajo de ingeniería. Por su importancia política y por el apoyo que tiene Cuba en la población y el gobierno se deben mandar más. Hay que buscar en el partido cuadros para el Comité Cuba-Argelia que está desamparado y algún otro para la embajada, amén de cuadros de Comercio Exterior que sean tiza y aprendan a comerciar con pesetas hasta que llegue el momento de las libras esterlinas.

El Excmo. Carrillo tiene aquello dominado. Compite con el poeta oficial publicando versos en francés (parnasianos ellos... y malitos). Esto sale en *L'Essor*, el periódico de Bamaco, a cuyo lado la *Gaceta de Mayajigua* parecería el *New York Times*. Tiene un amplio conocimiento de los dirigentes y cuenta con muchas simpatías, independientemente de algunas fallas de carácter. Él está dispuesto a sacrificarse para que aprovechen su experiencia en sitios más importantes, pero creo que está muy bien allí y se puede desarrollar como poeta del Sahara.

Los cuadritos son dos perfectos canchanchanes, pero funcionan al nivel requerido.

En Guinea a analista perfecto. Leí sus informes y reflejan exactamente la situación. Es muy inteligente y parece que trabaja en sus tareas concretas, pero le falta totalmente iniciativa para vencer el frío que hay allí (que había, mejor dicho) y ligarse con la masa del pueblo guineano. Tengo una proposición transitoria para él, antes de devolverlo para que estudie en La Habana su carrera. Te la diré a continuación. Además, es necesario nombrar un embajador que sea un político y se ligue más a la gente (no conviene que sea él por las razones apuntadas). Hablé largo y francamente con Seku Turé. Me parece el más claro y el más completo de los gobernantes que he conocido en esta parte de África.

Congo es un Bayú con presidente pero los tipos están bien intencionados y si se manda un cuadro político se puede ayudar mucho a que marchen por un buen camino y se salven de un golpe militar que está amenazando.

Ghana es el más desarrollado de los países, pero la penetración del imperialismo es muy grande. El embajador es medio soquético y le gusta tanto la crítica como a ti Olivares, pero es serio, trabajador y estudioso. Lleva la Embajada con seguridad pero estimo que dentro de un año debería pasar por Cuba y trabajar en algo productivo, en contacto con nuestro medio, para que se le quiten ciertas mañas de embajador que liman las posibilidades revolucionarias de la gente. El equipo está muy acoplado, al menos externamente. Hay un agregado comercial que no hace nada en su ramo pero está siempre dispuesto a ayudar y luce un prospecto; habla inglés con suficiente soltura.

Dahomey es otro bollo de perra. El presidente y el vice están fajados. Esto obedece a múltiples razones. El presidente es progresista dentro del medio y el vice reaccionario; el presidente es de Porto Novo, una de las capitales y el vice de Cotonú; el presidente pertenece a una tribu y el vice a otra; nunca olvidar las cabronas ambiciones. El presidente, que no es el jefe del ejecutivo (lo es el vice), quiere ir a Cuba y creo que se le debe invitar. Si dieran el *agreement* a Entralgo y se pudiera hacer un gasto, recomendaría que Gonzalo Sala pasara como encargado de negocios a representarnos directamente allí, previo envío de un embajador bicho a Guinea.

Estas son mis observaciones superficiales. Las escribo personalmente y odio este adminículo, de modo que te ampliaré dentro de un mes cuando llegue allí. El itinerario, hasta ahora, es el siguiente: China, Cairo, Kartum, Dar-es-Salam, Argelia, para asistir a una conferencia económica de los afroasiáticos (como observador, invitación personal de Ben Bella). Hay que observar a Siria; está dando candela al jarro.

Saludos a la plebe burocrática y alicorta que te rodea y un abrazo cósmico.

Che

Esta es la historia breve e intensa de la relación epistolar entre el "poeta fracasado" que Che confesaba llevar dentro y "ese gran poeta desesperado", como calificara, con cariño y admiración, a León Felipe.

En esta nota sobran, de entrada, las palabras. Este es el terreno del testimonio, pero también de la poesía, que aquí transita por versos, cartas y fragmentos de discurso. Hay poco o nada que decir en medio de ese diálogo que conserva su frescura y su sabiduría después de tres décadas.

Digamos entonces solamente que esa forma de polemizar, a partir de la poesía, de hacer coincidir el respeto, la admiración y la opinión diferente, diversa en un mismo discurso, es otra enseñanza de Che testimoniante.

—VC

IO

polemizar a la distancia

esmihomenaje,
leruegoqueasílo
interprete...

Agosto 21 de 1964
"Año de la Economía"

Sr. León Felipe
Editorial Grijalbo S.A.
Avenida Granjas 82
México 16, D.F.

Maestro:

Hace ya varios años, al tomar el poder la Revolución, recibí su último libro dedicado por Ud.

Nunca se lo agradecí, pero siempre lo tuve muy presente. Tal vez le interese saber que uno de los dos o tres libros que tengo en mi cabecera es *El Ciervo*; pocas veces puedo leerlo porque todavía en Cuba dormir, dejar el tiempo sin llenar con algo o descansar, simplemente es un pecado de lesa dirigencia.

El otro día asistí a un acto de gran significación para mí. La sala estaba atestada de obreros entusiastas y había un clima de hombre nuevo en el ambiente. Me afloró una gota del poeta fracasado que llevo dentro de mí y recurrí a Ud., para polemizar a la distancia. Es mi homenaje; le ruego que así lo interprete.

Si se siente tentado por el desafío, la invitación vale.

Con sincera admiración y aprecio,

Cmdte. Ernesto Che Guevara

convertir un
el cotidiano...

[...] Si ustedes me permiten, les voy a "empujar" un pequeño versito [Aplausos.] ¡No se preocupen, porque no es de mi propia inspiración, como se dice! Es un poema —nada más que unos párrafos de un poema— de un hombre desesperado; es un poema escrito por un viejo poeta que está llegando al final de su vida, que tiene más de 80 años, que vio la causa política que defendiera, la República española, caer hace años; que desde entonces siguió en el exilio, y que vive hoy en México. En el último libro que editó hace unos años tenía unos párrafos interesantes. Decía así:...

> Pero el hombre es un niño laborioso y estúpido
> que ha convertido el trabajo en una sudorosa jornada,
> convirtió el palo del tambor en una azada
> y en vez de tocar sobre la tierra una canción de júbilo,
> se puso a cavar...

Y después decía —más o menos, porque no tengo muy buena memoria—:

> Quiero decir que nadie ha podido cavar al ritmo del sol,
> y que nadie todavía ha cortado una espiga con amor y
> con gracia.

Es precisamente la actitud de los derrotados dentro de otro mundo, de otro mundo que nosotros ya hemos dejado afuera frente al trabajo; en todo caso la aspiración de volver a la naturaleza, de convertir en un fuego el vivir cotidiano.

escribo ud. muy
y torpón...

México 27 de marzo de 1965

Mi querido amigo
Che Guevara,

Le escribo a Ud. ya muy viejo y muy torpón pero le debo a Ud. un abrazo que no quiero irme sin dárselo. Ahí se lo lleva a Ud. una amiga mía Bertha, esposa de un viejo amigo que le quiere a Ud. mucho.

Le envío como recuerdo el autógrafo del último poema que escribí hace unos días. Salud y alegría.

Le quiere su viejo amigo,
León Felipe

La carta está escrita con la letra ágil que después reconoceríamos en el *Diario de Bolivia* y que desde antes, desde la juventud andariega y buscadora, venía acompañando a Ernesto Guevara con una fidelidad impresionante. Fidelidad recíproca, entendámonos.

Este hombre confió a la palabra los secretos de sus luchas, le pidió matices y consejos para analizar al enemigo y a sus hermanos, le exigió su presencia al filo de la victoria o en la desesperanza casi nunca confesada de los momentos más difíciles.

En esta hoja escribe ahora, desde muy lejos y muy aprisa, una carta de amor para sus hijos. En ella reparte cariño y sugerencias para todos, solicita la cooperación de las niñas e invita a los varones a pelear o ir a la Luna en el futuro, según el destino que haya tenido el enemigo. Es una carta y una imagen de despedida de Che testimoniante, que aparece en la foto inédita que aquí se incluye, afeitado, cargando a Celita, poco antes de su próxima guerra.

—*VC*

II
carta a sus hijos

"Celita... sigue siendo tan simpática como cuando nos despedimos..." Pinar del Río, Cuba, 1966.

les escribo desde muy lejos y muy aprisa...

Mis queridos Aliusha, Camilo, Celita y Tatico:

Les escribo desde muy lejos y muy aprisa, de modo que no les voy a poder contar mis nuevas aventuras. Es una lástima porque están interesantes y Pepe el caimán me ha presentado muchos amigos. Otra vez lo haré.

Ahora quería decirles que los quiero mucho y los recuerdo siempre, junto con mamá, aunque a los más chiquitos casi los conozco por fotografías porque eran muy pequeñines cuando me fui. Pronto yo me voy a sacar una foto para que me conozcan como estoy ahora, un poco más viejo y feo.

Esta carta va a llegar cuando Aliusha cumpla seis años, así que servirá para felicitarla y desearle que los cumpla muy feliz.

Aliusha, debes ser bastante estudiosa y ayudar a tu mamá en todo lo que puedas. Acuérdate que eres la mayor.

Tú, Camilo, debes decir menos malas palabras, en la escuela no se puede decirlas y hay que acostumbrarse a usarlas donde se pueda.

Celita, ayuda siempre a tu abuelita en las tareas de la casa y sigue siendo tan simpática como cuando nos despedimos ¿te acuerdas? A que no.

Tatico, tú crece y hazte hombre que después veremos qué se hace. Si hay imperialismo todavía salimos a pelearlo, si eso se acaba, tú, Camilo y yo podemos irnos de vacaciones a la Luna.

Denle un beso de parte mía a los abuelos, a Myriam y su cría, a Estela y Carmita y reciban un beso del tamaño de un elefante, de

Papá

Nota al margen:

A Hildita, otro beso del tamaño de un elefante y díganle que le escribiré pronto, ahora no me queda tiempo.

a Piedra es un impactante relato testimonial escrito por el Che en el Congo. Ocupa en su versión original, de la que fue tomado, diez caras de su libreta de apuntes, y está escrito allí directamente, con pocas correcciones en sus páginas.

El tema del relato —el anuncio de la posible muerte de Celia, su madre— ubica su escritura en algún momento posterior al 22 de mayo de 1965. Osmany Cienfuegos llevó al Che ese día "la noticia más triste de la guerra: en conversación telefónica desde Buenos Aires informaban que mi madre estaba muy enferma, con un tono que hacía presumir que ese era simplemente un anuncio preparatorio. [...] Tuve que pasar un mes en esa triste incertidumbre, esperando resultados de algo que adivinaba pero con la esperanza de que hubiera un error en la noticia, hasta que llegó la confirmación del deceso de mi madre".

En medio de "esa triste incertidumbre" Che construye este relato de fuerte tono introspectivo, en el que conviven las reflexiones filosóficas, la ironía, el dolor y la ternura. Es probablemente el relato más crudo, intenso y conmovedor que haya escrito.

Más allá de intentar aquí, en tan breve espacio, el análisis del texto desde cualquiera de las múltiples aristas posibles, nos sentimos satisfechos y honrados de que este libro incluya ese imprescindible documento de Che

testimoniante, que perfila, en circunstancias particularmente dramáticas, los rasgos de su personalidad y de su escritura, y nos lleva a acompañar, lectores en la distancia, esa forma de soledad que tenía en aquellos momentos la impresionante estatura humana de su autor.

La dimensión de una personalidad, su capacidad de comunicación, también se miden por los territorios del pensamiento y de la cotidianidad que puede alcanzar al mismo tiempo.

Aquí es posible apreciar la densidad filosófica de "La Duda", otro de los relatos escritos en el Congo, junto a la ternura de las postales enviadas a sus hijos desde el continente africano. La misma voz, en las circunstancias formidables y terribles de la acción, es capaz de la modulación a través de la palabra, del tono, de la imagen.

Otras dedicatorias cumplen fielmente con la amistad, con la admiración, con la solidaridad.

El que las escribió dejó también constancia de la importancia del tema y de su trascendencia, en esta frase tomada de un relato impresionante:

"Uno sobrevive en la especie, en la historia, que es una forma mistificada de vida en la especie; en esos actos, en aquellos recuerdos".

—*VC*

ÁFRICA:

12

vientos del oeste y brisa del este

missueñosno tendránfronteras...

(dedicatoriasdelibros)

"...un pasado común de lucha contra el mismo enemigo, nos ha unido..." Carretera de Dar-Es-Salaam a Kigoma, Tanzania, 1965.

A Cesáreo Rivero

Para Cesáreo Rivero, deseándole un feliz Capablanca.

Che

A Don Tomás Roig

Don Tomás, me enteré de su interés por este libro de *Plantas Medicinales* a través del compañero Cid y me complace poder entregárselo ahora.

Le ruego lo considere un pequeño homenaje de este ministerio al científico que puso en alto el nombre de Cuba antes de que la Revolución lo hiciera universalmente cotidiano.

Acepte, además, mi homenaje personal de hombre que ha pasado por la paz tensa de la retorta y añora, a veces, su antiguo oficio individual, aunque nada diera a la humanidad desde esa trinchera.

Respetuosamente,

Che

A José Manuel Manresa

Para Manresa, aquí donde se bifurcaron los caminos (¿transitoriamente?). Con un último apretón de manos.

A Alberto Granado

Mi casa ambulante seguirá teniendo dos piernas y mis sueños no tendrán fronteras... al menos hasta que las balas no digan la última palabra.

Gitano sedentario, te espero cuando se apague el olor de los disparos. Un abrazo a todos vosotros.

Che

postales a sus hijos

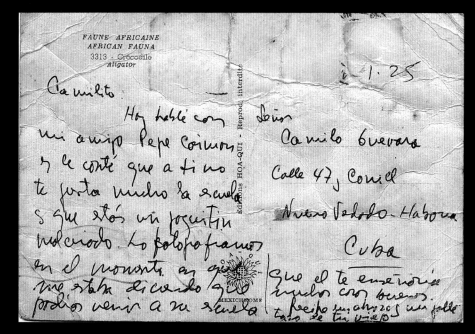

Camilito:

Hoy hablé con mi amigo, Pepe el Caimán y le conté que a ti no te gusta mucho la escuela y que estás un poquitín malcriado. Lo fotografiamos en el momento en que me estaba diciendo que podías venir a su escuela, que él te enseñaría muchas cosas buenas.

Recibe un abrazo y un galletazo de tu viejo.

234 235

Para Aleidita

Queridita:

Estuve viendo las gacelitas correr por la sabana y me acordé de ti. Nada más que aquí hay leones y en nuestro país las gacelitas podrán correr sin que nadie las persiga.

No te olvides de ir al colegio y dale un besito a tu nuevo hermano en nombre mío.

Un besito de papá.

AFRICAN WILD LIFE - THOMSONS GAZELLES

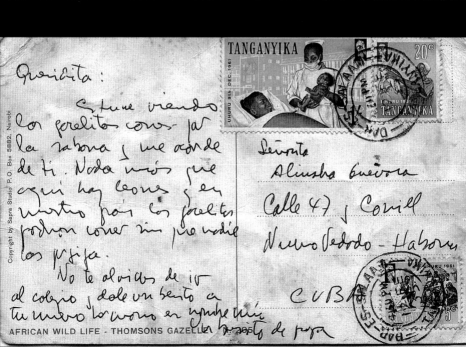

piedra

Me lo dijo como se deben decir estas cosas a un hombre fuerte, a un responsable, y lo agradecí. No me mintió preocupación o dolor y traté de no mostrar ni lo uno ni lo otro. ¡Fue tan simple!

Además había que esperar la confirmación para estar oficialmente triste. Me pregunté si se podía llorar un poquito. No, no debía ser, porque el jefe es impersonal; no es que se le niegue el derecho a sentir, simplemente, no debe mostrar que siente lo de él; lo de sus soldados, tal vez.

—Fue un amigo de la familia, le telefonearon avisándole que estaba muy grave, pero yo salí ese día.

—Grave, ¿de muerte?

—Sí.

—No dejes de avisarme cualquier cosa.

—En cuanto lo sepa, pero no hay esperanzas. Creo.

Ya se había ido el mensajero de la muerte y no tenía confirmación. Esperar era todo lo que cabía. Con la noticia oficial decidiría si tenía derecho o no a mostrar mi tristeza. Me inclinaba a creer que no.

El sol mañanero golpeaba fuerte después de la lluvia. No había nada extraño en ello; todos los días llovía y después salía el sol y apretaba y expulsaba la humedad. Por la tarde, el arroyo sería otra vez cristalino, aunque ese día no había caído mucha agua en las montañas; estaba casi normal.

—Decían que el 20 de mayo dejaba de llover y hasta octubre no caía una gota.

—Decían... pero dicen tantas cosas que no son ciertas.

—¿La naturaleza se guiará por el calendario? No me importaba si la naturaleza se guiaba o no por el calendario. En general, podía decir que no me importaba nada de nada, ni esa inactividad forzada, ni esta guerra idiota, sin objetivos. Bueno, sin objetivo no; sólo que estaba tan vago, tan diluido, que parecía inalcanzable, como un infierno surrealista donde el eterno castigo fuera el tedio. Y, además, me importaba. Claro que me importaba.

Hay que encontrar la manera de romper esto, pensé. Y era fácil pensarlo; uno podía hacer mil planes, a cual más tentador, luego seleccionar los mejores, fundir dos o tres en uno, simplificarlo, verterlo al papel y entregarlo. Allí acababa todo y había que empezar de nuevo. Una burocracia más inteligente que lo normal; en vez de archivar, lo desaparecían. Mis hombres decían que se lo fumaban, todo pedazo de papel puede fumarse, si hay algo dentro.

Era una ventaja, lo que no me gustara podía cambiarlo en el próximo plan. Nadie lo notaría. Parecía que eso seguiría hasta el infinito.

Tenía deseos de fumar y saqué la pipa. Estaba, como siempre, en mi bolsillo. Yo no perdía mis pipas, como los soldados. Es que era muy importante para mí tenerla. En los caminos del humo se puede remontar cualquier distancia, diría que se pueden creer los propios planes y soñar con la victoria sin que parezca un sueño; sólo una realidad vaporosa por la distancia y las brumas que hay siempre en los caminos del humo. Muy buena compañera es la pipa; ¿cómo perder una cosa tan necesaria? Qué brutos.

No eran tan brutos; tenían actividad y cansancio de actividad. No hace falta pensar entonces y ¿para qué sirve una pipa sin pensar? Pero se puede soñar. Sí, se puede soñar, pero la pipa es importante cuando se sueña a lo lejos; hacia un futuro cuyo único camino es el humo o un pasado tan lejano que hay necesidad de usar el mismo sendero. Pero los anhelos cercanos se sienten con otra parte del cuerpo, tienen pies vigorosos y vista joven; no necesitan el auxilio del humo. Ellos la perdían porque no les era imprescindible, no se pierden las cosas imprescindibles.

¿Tendría algo más de ese tipo? El pañuelo de gasa. Eso era distinto; me lo dio ella por si me herían en un brazo, sería un cabestrillo amoroso. La dificultad estaba en usarlo si me partían el carapacho. En realidad había una solución fácil, que me lo pusiera en la cabeza para aguantarme la quijada y me iría con él a la tumba. Leal hasta en la muerte. Si quedaba tendido en un monte o me recogían los otros no habría pañuelito de gasa; me descompondría entre las hierbas o me exhibirían y tal vez saldría en el *Life* con una mirada agónica y desesperada fija en el instante del supremo miedo. Porque se tiene miedo, a qué negarlo.

Por el humo, anduve mis viejos caminos y llegué a los rincones íntimos de mis miedos, siempre ligados a la muerte como esa nada turbadora e inexplicable, por más que nosotros, marxistas-leninistas explicamos muy bien la muerte como la nada. Y, ¿qué es esa nada? Nada. Explicación más sencilla y convincente imposible. La nada es nada; cierra tu cerebro, ponle

"…la lectura siempre fue abundante…" Congo, 1965.

un manto negro, si quieres, con un cielo de estrellas distantes, y esa es la nada-nada; equivalente: infinito.

Uno sobrevive en la especie, en la historia, que es una forma mistificada de vida en la especie; en esos actos, en aquellos recuerdos. ¿Nunca has sentido un escalofrío en el espinazo leyendo las cargas al machete de Maceo?: eso es la vida después de la nada. Los hijos; también. No quisiera sobrevivirme en mis hijos: ni me conocen; soy un cuerpo extraño que perturba a veces su tranquilidad, que se interpone entre ellos y la madre.

Me imaginé a mi hijo grande y ella canosa, diciéndole, en tono de reproche: tu padre no hubiera hecho tal cosa, o tal otra. Sentí dentro de mí, hijo de mi padre yo, una rebeldía tremenda. Yo hijo no sabría si era verdad o no que yo padre no hubiera hecho tal o cual cosa mala, pero me sentiría vejado, traicionado por ese recuerdo de yo padre que me refregaran a cada instante por la cara. Mi hijo debía ser un hombre; nada más, mejor o peor, pero un hombre. Le agradecía a mi padre su cariño dulce y volandero sin ejemplos. ¿Y mi madre? La pobre vieja. Oficialmente no tenía derecho todavía, debía esperar la confirmación.

Así andaba, por mis rutas del humo cuando me interrumpió, gozoso de ser útil, un soldado.

—¿No se le perdió nada?

—Nada —dije, asociándola a la otra de mi ensueño.

—Piense bien.

Palpé mis bolsillos; todo en orden.

—Nada.

—¿Y esta piedrecita? Yo se la vi en el llavero.

—Ah, carajo.

Entonces me golpeó el reproche con fuerza salvaje. No se pierde nada necesario, vitalmente necesario. Y, ¿se vive si no se es necesario? Vegetativamente sí, un ser moral no, creo que no, al menos.

Hasta sentí el chapuzón en el recuerdo y me vi palpando los bolsillos con rigurosa meticulosidad, mientras el arroyo, pardo de tierra montañera, me ocultaba su secreto. La pipa, primero la pipa; allí estaba. Los papeles o el pañuelo hubieran flotado. El vaporizador, presente; las plumas aquí; las libretas en su forro de *nylon*, sí; la fosforera, presente también, todo en orden. Se disolvió el chapuzón.

Sólo dos recuerdos pequeños llevé a la lucha; el pañuelo de gasa, de mi mujer, y el llavero con la piedra, de mi madre, muy barato éste, ordinario; la piedra se despegó y la guardé en el bolsillo.

¿Era clemente o vengativo, o sólo impersonal como un jefe, el arroyo? ¿No se llora porque no se debe o porque no se puede? ¿No hay derecho a olvidar, aun en la guerra? ¿Es necesario disfrazar de macho al hielo?

Qué sé yo. De veras, no sé. Sólo sé que tengo una necesidad física de que aparezca mi madre y yo recline mi cabeza en su regazo magro y ella me diga: "mi viejo", con una ternura seca y plena y sentir en el pelo su mano desmañada, acariciándome a saltos, como un muñeco de cuerda, como si la ternura le saliera por los ojos y la voz, porque los conductores rotos no la hacen llegar a las extremidades. Y las manos se estremecen y palpan más que acarician, pero la ternura resbala por fuera y las rodea y uno se siente tan bien, tan pequeñito y tan fuerte. No es necesario pedirle perdón; ella lo comprende todo; uno lo sabe cuando escucha ese "mi viejo"...

—¿Está fuerte? A mí también me hace efecto; ayer casi me caigo cuando me iba a levantar. Es que no lo dejan secar bien, parece.

—Es una mierda, estoy esperando el pedido a ver si traen picadura como la gente. Uno tiene derecho a fumarse aunque sea una pipa, tranquilo y sabroso ¿no?...

laduda

"No. Al toro sí que no..."

Apenas con una vaga inquietud escondida en los más hondo, que dejaba aflorar sin trabas su sonrisa confiada, observaba la escena.

Miraba al toro bravo de tarros amenazantes; él no conocía otra limitación de la libertad que la vara tenue del pastor y ahora pateaba el suelo yermo, asombrado y doloroso. Se le adivinaba como la furia le iba ganando y estaba presto a atacar.

Tenía que reconocerse a sí mismo que deseaba ver al soldado rodando por tierra, con un poco de sangre en el cuerpo. No es que le deseara algo malo, completamente, pero debía haber una definición ya.

El soldado sonreía, respirando confianza por todos los poros. Lo miró con tal aire de burla que le penetró el corazón.

Tiro a tiro está. Uno basta.

Estos hombres eran negros, pero eran distintos. Uno adivinaba que se sentían superiores, como si el viaje de sus antepasados por el océano les hubiera dado una fuerza nueva, un conocimiento superior de las cosas del mundo. Eso estaba bien, el comisario repetía siempre que hay que atender al progreso y a la ciencia para construir el mundo nuevo, pero ¿por qué ignorar así la antigua sabiduría de los montes? ¿Cómo podían reírse y desdeñar las fuerzas que los hacían invulnerables a las balas enemigas?

Sintió una pequeña comezón en la cicatriz y se rascó ligeramente, como queriendo apartar ese recuerdo inoportuno. El queloide insistía con su presencia terca y se rascó más fuerte, contoneando con precaución la cicatriz que aún dolía.

Tenía vergüenza de confesarlo, al principio, pero creyó que era más noble decirlo, todos inculpaban al Muganga, amenazadores, y él lo confesó y pidió que los otros confesaran.

En realidad el miedo le había comenzado antes de llegar a la posición. La selva tiene muchos ruidos extraños, siniestros. Uno no sabe si es una fiera que va a saltar de pronto, o una serpiente, o algún espíritu del bosque. Y, además, el enemigo esperando al final del camino.

Recordó la angustia que le subía en olas a la garganta mientras la claridad anunciaba el alba... y el temblor de todo su cuerpo, que él le atribuía al frío, pero sabía que no era el frío, mientras la espera los abrumaba y ya no sabía si era más grande el temor al combate o a la espera.

La ráfaga se elevó rojiza sobre las trincheras donde debía estar el enemigo antes de que sintiera el tableteo; luego el infierno desencadenado y la curiosa sensación de no tener miedo. El temblor se había marchado sin que él se diera cuenta y veía con orgullo cómo sus ráfagas cortas salían derechitas del fusil y no hacían ese arco grotesco

—como un techo en la cabeza del enemigo— que observaba por todos los contornos.

"Tiran cerrando los ojos, no han aprendido nada", pensó.

Después oyó un silbido suave y un estruendo ampuloso, como si se quebrara la tierra, una nube de humo y polvo, y otra, y otra. Miró a su izquierda, tras la última explosión, más cercana que las anteriores, y vio a su compañero tendido en una pose extraña: una mano estaba aprisionada por el cuerpo y se movía queriendo liberarse, marcando un compás extraño, idéntico al de la cabeza doblada sobre el pecho.

Alcanzó a vislumbrar a la luz del amanecer unos ojos espesos, como de chivo degollado. Observó que, a cada movimiento, salía un chorrito de sangre debajo del mentón, y que la sangre formaba una mancha en la tierra y se pegaba a la barba rala como el pelo del chivo...

Fue entonces que volvió el temblor, pero distinto. Antes era como una competencia con su voluntad; ahora parecía tener resortes que lo impelían a correr... Y recuerda que no se acordó del fusil, y sólo trató de huir, de alejarse del infierno y salvar la vida, y parecía que los árboles lo rechazaban o lo sujetaban con sus ramas prensiles, para arrebatárselo a la vida, y la sinfonía espeluznante de las balas, y el chasquido extraño... Porque al principio sólo fue un chasquido, como de algo que saliera desde su cuerpo; no lo relacionó ni siquiera con la caída, que atribuyó a las ramas del árbol enemigo.

Sólo se dio cuenta que estaba herido cuando trató de volver a correr. Esa era la parte más tenebrosa de sus recuerdos. Hasta allí había corrido a la misma velocidad que su miedo, se fundía con él en uno, y no lo sentía tanto. Ahora el miedo se le adelantaba y corría entre la maraña de la selva, pero no quería seguir solo y volvía y lo halaba; entonces sentía toda la angustia de esa disociación y trataba de caminar, para caer con un gemido. Pero el miedo se cansó de esperarlo y huyó solo, dejándolo ahí tirado en el sendero borroso, gimiendo solamente, con una calma atormentada y mustia, porque ya el miedo se había ido.

En el soldado que apuntaba al toro bravo con insolencia de conquistador no podía reconocer a ese ser humano, a ese amigo, a ese hermano que lo ayudó a salir del infierno. Como se contraía aquella cara noble cuando una sombra de su propia tribu pasaba por al lado sin volver la cabeza, sin ayudarlo, y como se le adivinaban las palabras soeces, hijas de una bella furia, tras las cortinas herméticas de ese hablar bárbaro.

Pero era una contracción tan distinta a esa que tenía ahora bajo el sol poderoso. El hermano se había convertido en conquistador y los miraba desde lo alto de una montaña lejana, como un dios o un demonio.

Y sí era verdad que la Dawa protegía; mientras el había podido dominar el miedo, no le pasó nada, y sólo fue herido cuando huía, presa del pánico. Le indignaba que sus compañeros fueran tan falaces como para negar eso y achacarlo todo a la ineficacia del Muganga.

Era cierto que ni la oportunidad de tocar una mujer hubo, y se podía admitir la honradez de los muertos, pero el miedo, ¿no existió acaso? Y bien lo sabían todos: si se toca mujer, se toma un objeto que no nos pertenece, o se tiene miedo, la Dawa pierde eficacia.

Él había sido el único con valor suficiente para decirlo ante la turba encrespada: había tenido miedo. Ellos también lo habían sentido, debían reconocerlo.

Recordaba con fastidio el gesto de iracundia contenida que hacía aquel hombrecito herido en el cuello. ¡Con qué vehemencia hipócrita negaba su miedo! Con qué irreverencia acusaba al Muganga de fantoche, sin mover su cabeza, que parecía retenida por dos manos poderosas, mientras sus ojos le relumbraban.

Se sentía satisfecho de haber impuesto disciplina por su sola confesión y su actitud. Y los extranjeros, que no alardearan tanto, que también en otro combate habían tenido muertos y heridos, sólo que su Dawa debía ser más poderosa porque no necesitaban hacérsela ante cada combate. Y eran

egoístas; negaban, con una sonrisa, el tenerla. Al propio comandante se la negaron; él oyó cuando éste le pedía humildemente al jefe de los extranjeros, y éste se reía como si le hubieran hecho un cuento gracioso y farfullaba en su media lengua un no sé qué de conciencia y de internacionalismo y todos somos hermanos... sí, muy hermanos, pero no soltaban su Dawa.

Lo del pollo lo confundía un poco. El Muganga (otro nuevo, porque a aquel el comandante cometió la debilidad de quitarlo) había preparado todo con esmero y asegurado que era invulnerable. Al primer tiro había sido muerto, bien muerto, y se lo habían comido los extranjeros ante la mirada escandalizada de los combatientes.

Pero ahora, ese toro, ¡si enganchara entre sus tarros al insolente y le mostrara el poder de la Dawa! O, al menos, si huyera indemne. Porque era demasiado desagradecido desearle mal al hermano que lo había sacado del combate cuando todos corrían, y organizado su traslado al hospital.

Tenía malos recuerdos del hospital; primero, esos médicos blancos que se reían porque la bala había penetrado por las nalgas, como si él pudiera elegir por dónde lo iban a herir. Y luego reían con más alegría cuando les contó que lo habían herido porque tuvo miedo. Esos blancos sí eran antipáticos; por su color y su ciencia se sentían capaces de reír de todo, superiores a todo lo que los rodeaba.

Hubo un momento en que sintió deseos de haberse quedado muerto allí donde lo sorprendió la bala. Al menos no hubiera soportado esas humillaciones. Pero, ¿qué hubiera sido del Muganga entonces?

El hombrecito del tiro en el cuello quería que lo mataran y hubieran sido capaces de hacerlo si no interviene él. Estaba bien que hubiera vivido; en definitiva, había que ser honesto y reconocer que tener miedo es malo.

Pero el hombrecito del tiro en el cuello decía que él había visto correr despavoridos a muchos y no les había pasado nada. Y los más cobardes, los que se quedaron atrás sin participar, estaban sanos y salvos. Él decía que decía que no había tenido miedo y que la herida era de mortero (porque la tenía en el cuello, pero atrás, en la nuca). Los blancos decían que no parecía herida de mortero, pero el hombrecito argumentaba que la bala lo había traspasado; sin embargo, su herida era sólo en la nuca, si hubiera sido de bala le hubiera reventado la cabeza.

Argumentaba mucho el hombrecito del tiro en el cuello, parecía que hubiera aprendido con los blancos. Se sentía incómodo cuando él hablaba. Decía, por ejemplo: "Si la Dawa no protege a los que tienen miedo, y todos tenemos miedo, ¿para que sirve?"

Él replicaba que había que tener fe en la Dawa, y el hombrecito respondía que no, que la Dawa debía dar esa fe, si no no servía.

Hablaba mucho el hombrecito del tiro en el cuello, pero se quedó en el hospital, no quiso volver al frente. Cuando se despidió, él le hizo sentir su cobardía al quedarse, era como una venganza...

El estampido lo sacó de las brumas, lo sacudió todo, porque no lo esperaba. El toro miró estúpidamente, recostó sus rodillas en tierra y comenzó a temblar, mientras unos ojos sin brillo se quedaban fijos en él.

"Igual que el chivo... y que el otro", pensó.

Sintió apenas la palmada sobadora del extranjero, pero sí su risa estridente, hiriente como un cuchillo. Una gran somnolencia lo embargó; no tenía ganas de pensar en nada.

Mientras caminaban juntos, el Muganga le explicaba que los extranjeros eran buenos amigos, estaba demostrado.

Lo miró con sorpresa. El Muganga, paternalmente, le explicó que la Dawa preserva de los enemigos, pero nunca del arma del amigo, por eso el toro había muerto y quedaba demostrada la amistad de los extranjeros.

Ante las explicaciones, el muchacho sintió que algo se descontraía dentro de él y le quitaba un peso grande que llevaba; pero ya más nítido, aunque sin forma definida, se agitaba en lo hondo, sin dejar que el peso se fuera definitivamente, un monstruo nuevo e insaciable: la duda.

"...mis sueños no tendrán fronteras..." en Base Superior. Congo, 1965.

e entrada, no resulta demasiado difícil comentar este tema porque el hombre de quien venimos hablando nos dejó aquella frase que se convierte en una diáfana declaración de principios.

En la segunda parte de sus *Pasajes de la guerra revolucionaria*, escritos después de la experiencia africana, al pasar balance a los aciertos y desaciertos de su participación allí, el Che confesaría: "...mis dos debilidades fundamentales estaban satisfechas en el Congo: el tabaco, que me faltó muy poco, y la lectura, que siempre fue abundante".

Es cierto: la lectura acompañó a este hombre a lo largo de su vida, como un instrumento esencial de conocimiento y como un regalo de disfrute para su intensa sed intelectual y espiritual.

También es cierto que la persistencia de la lectura estuvo acompañada por su vocación analítica y memoriosa: en su archivo personal se conservan hoy las páginas de sus primeros índices de libros, devorados en la adolescencia.

El inventario de títulos y autores nos muestra el abanico de intereses culturales de aquel lector.

La filosofía, la historia, la literatura, los deportes, las ciencias aparecen entre las temáticas preferidas del joven Ernesto.

La poesía transita por ese índice envidiable: desde la trascendencia de *La divina comedia* hasta *El paraíso perdido* de Milton pasaron por los ojos del ávido lector que incorporaría después otro procedimiento sistemático para su labor de aprendizaje y reflexión: la escritura (y conservación) de notas de lectura que testimoniaran el impacto que la obra le causó en su primer momento y que probablemente sirviera para evaluar el libro (o quizás al propio lector) años después.

En uno u otro caso, creo, sin embargo, que el rasgo unificador de esos procesos relacionados con el conocimiento y sus ramas sorprendentes es el amor. Aunque no siempre se confiese (o se conozca), hay una relación amorosa, íntima, insustituible entre el lector que disfruta y necesita de ese acto emancipador y el libro que le ofrece alegrías y tristezas, preguntas y respuestas y más preguntas, angustias y celebraciones.

El Che nos dejó, también, testimonio visual de aquel amor: ahí están sus fotos, libro en mano, en la selva de Africa, el despacho de ministro, la guerrilla boliviana. Si no hay fotos de este lector insaciable en la tranquilidad de su hogar habanero es, seguramente, porque su tiempo cubano estuvo lleno de tareas múltiples y reclamos inaplazables. Sabemos que quedaron, para la memoria más íntima, una variante sonora de ese amor por las letras: los poemas de varios autores que el Che acostumbraba a leer a su esposa Aleida y que regaló a ella, en una grabación improvisada, cuando marchó a su última guerra.

Los nombres de sus autores preferidos pueden seguramente rastrearse entre esas notas de lecturas que escribió y conservó felizmente, sin saberlo, para nosotros. Si el eco de la voz poderosa y comunicadora de Nicolás Guillén animó esas lecturas familiares, las notas escritas proclaman los gustos poéticos del Che: los padres mayores de la poesía latinoamericana del siglo XX, el peruano César Vallejo y el chileno Pablo Neruda, aparecen entre los autores comentados. Vallejo, en este caso, a partir de su labor periodística y testimonial en *Rusia en 1931*; Neruda, con el comentario, más extenso, a su exuberante *Canto general*, libro que acompañó al guerrillero en su mochila de la guerrilla boliviana.

—VC

13

lector (interminable) llamadoernesto

martí:raízyaladel libertadordecuba devicentesáenz

Es una pequeña semblanza del libertador con abundancia de citas que dan una idea del pensamiento tan claro y tan elegante del poeta revolucionario.

No se puede hablar de que sea una obra maestra, no es esa su función tampoco. Simplemente el autor se diluye frente a la palabra de Martí que basta por sí sola para aclarar conceptos, él sólo la ordena más o menos cronológicamente hasta su muerte.

Si el folleto tiene algún pero, es un parangón final que hace con ciertos políticos adocenados, contemporáneos nuestros.

Llamar iguales de Martí a Rómulo Betancourt y Haya de la Torre es un insulto al hombre que vivió en el monstruo y le conoció la entraña, aun cuando la entraña era mucho menos negra y pestilente que la actual. Mejoraría mucho el libro sin la invocación final.

Lector insaciable. En su hogar habanero, 1964.

mamitayunai
decarlosfallas

Este libro fue escrito por un obrero para participar en el concurso de la mejor novela latinoamericana de 1940. El jurado costarricense "por considerar que no se podía tomar en cuenta como novela, lo desechó". Así reza una nota que, a manera de colofón, cierra el libro, y tal vez desde un punto de vista técnico tenga razón el jurado, pues este relato no es completamente una novela, es un documento vivo elaborado en la entraña de la selva y al calor de la "acogedora" Mamita Yunai, la United Fruit Co., cuyos tentáculos chupan la savia de todos los pueblos de Centroamérica y algunos suramericanos.

El relato es de estilo claro y seco y de técnica sencilla. En una primera parte narra sus vicisitudes como fiscal de una elección y matufias que en ella se hacen, hasta que vuelve a Limón y en el camino se encuentra con un viejo amigo, lo que da pie a narrar en forma de recuerdo la segunda parte, con sus aventuras en el bananal y la injusticia y el robo de que son objeto por parte de la compañía hasta que uno de los compañeros trata de matar a un "Tútile" [sic], un italiano de la "Yunai", y va a la cárcel.

La tercera parte, a manera de epílogo, cuenta en forma de diálogo entre los dos lo que fue de sus vidas en los años de intervalo para acabar con una separación cada uno siguiendo su camino: el autor, la primera persona que narra, en las luchas de reivindicación política; el amigo, en las bananeras de la Yunai.

El tipo principal es a las claras el autor, y tiene el acierto de no mezclarse con el pueblo a quien relata. Lo ve sufrir, lo comprende y lo compadece, pero no se identifica. Es testigo más que actor. Conoce los lugares que relata y se nota que los ha vivido. Los tipos sicológicos de los compañeros y las anécdotas insertadas son acertadas aunque a veces éstas últimas llegan un poco traídas de los pelos al relato.

Como siempre en este tipo de novela, no hay complejidad sicológica en nadie, pero sobre todo los "machos" (gringos), parecen figuras del "malo" recortadas con cartulina.

Cuando sus quejas se transforman en alaridos efectistas cae en lugares comunes de la novela social americana, pero es, por sobre todas las cosas, un notable y vivo documento de tropelías de la Compañía y "autoridad" y de la vida miserable de los "linieros" (que trabajan en la línea férrea) a quienes está dedicado este libro.

en
de   vallejo

El gran poeta peruano se acerca aquí a la Rusia de la construcción, en uno de los momentos más discutidos de su historia, el año 1931, en que se estaba desarrollando el primer plan quinquenal.

Vallejo ataca el problema en forma integral y no desdeña pintar pobreza, lacras y oposiciones, pero de todo aquello, más los resultantes años pasados, surge la necesidad plena de su narración.

Él se coloca como un simpatizante sin partido, pero de su acabado análisis marxista, se desprende más bien que es un burgués que llegó al comunismo. Dejando de lado la alada costumbre latinoamericana de ser poeta hasta en el cuarto de baño, Vallejo es un conciso cronista que pinta los cuadros de la realidad rusa con lente fotográfico.

Hay momentos en que se sospecha que la imparcialidad del cronista fue ahogada por el entusiasmo del militante, como cuando cataloga entre los juegos de salón prohibidos por el soviet, el ajedrez, donde hoy día son campeones indiscutidos; pero también hay que considerar que las condiciones de vida cambian fundamentalmente en la sociedad soviética y que su orgullo principal es cambiar, precisamente, por lo que no sería raro que en la angustiosa fiebre de producción del año 31, el ajedrez fuera considerado como un lujo pernicioso.

En resumen, es un libro que cimienta la fe en quien la tiene, pero no sé qué impresión hará en el que carezca de ella.

cantogeneral
depabloneruda

Cuando el tiempo haya tamizado un poco los andares políticos y al mismo tiempo —ineluctablemente— haya dado al pueblo su triunfo definitivo, surgirá este libro de Neruda como el más vasto poema sinfónico de América.

Es poesía que muestra un hito y quizás una cumbre. Todo en ella, hasta los pocos (e inferiores) versos personales del final, respiran trascendencia. El poeta cristaliza esa media vuelta que dio, cuando abandonara su diálogo consigo mismo y descendiera (o subiera) a dialogar con nosotros, los simples mortales, los integrantes del pueblo.

Es un canto general de América que da un repaso a todo lo nuestro desde los gigantes geográficos hasta las pobres bestezuelas del señor monopolio.

El primer capítulo se llama "La lámpara en la tierra", y entre otros suena su saludo para el gigantesco Amazonas:

> **Amazonas**
> **Capital de las sílabas del agua,**
> **padre patriarca…**

Al exacto colorido une la metáfora justa, da el ambiente, muestra su impacto en él, paya ya no como vagabundo alambicado, sino como hombre.

Y precisamente el primer capítulo de su descripción que pudiéramos llamar "precolombina" se cierra con "Los hombres", nuestros abuelos lejanos:

> **Como la copa de arcilla era**
> **la raza minera, el hombre**
> **hecho de piedras y de atmósfera,**
> **limpio como los cántaros, sonoro**

Luego el poeta encuentra la síntesis de lo que era la América nuestra, su símbolo más grande, y canta entonces a las "Alturas de Macchu-Picchu".

Es que Macchu-Picchu es la obra de ingeniería aborigen que llega más a nosotros; por su simpleza elegante, por su tristeza gris, por el maravilloso panorama circundante, por el Urubamba aullando abajo. La síntesis de Macchu-Picchu es hecha por tres versos que son tres definiciones de una categoría casi goethiana:

> **Madre de piedra, espuma de los cóndores.**
> **Alto arrecife de la aurora humana**
> **Pala perdida en la primera arena**

Pero no se conforma con definirla e historiarla, y en un arranque de locura poética echa todo su saco de metáforas deslumbrantes y a veces herméticas sobre la ciudad símbolo y después invoca su ayuda:

> **Dadme el silencio, el agua, la esperanza**
> **Dadme la lucha, el hierro, los volcanes**

¿Qué ha sucedido? Todos conocen la secuencia de la historia: en el horizonte aparecieron "Los conquistadores".

> **Los carniceros desolaron las islas**
> **Guahananí fue la primera**
> **en esta historia de martirios**

Y van pasando Cortés, Alvarado, Balboa, Ximénez de Quesada, Pizarro, Valdivia. Todos son lacerados sin piedad por su canto detonante como un pistoletazo. Para el único que tiene palabras de cariño es para Ercilla, el cantor de la gesta Araucana:

> **Hombre, Ercilla sonoro, oigo el pulso del agua**
> **de tu primer amanecer, un frenesí de pájaros**
> **y un trueno en el follaje**

Canto General

Pablo Neruda

Cuando el tiempo haya tornado en poso los ardores políticos y al mismo tiempo – ineluctablemente – haya dado al pueblo su triunfo definitivo, surgirá este libro de Neruda como el más vasto poema sinfónico del América.

Es poesía que muestra un hito y quizá una cumbre. Todo en ella, hasta los pocos (e inferiores) acentos personales del final, respiran trascendencia. El poeta cristaliza en a media vuelta que dió, cuando abandonara su diálogo con sigo mismo y abordara (o entrara) a dialogar con nosotros, los simples mortales, los integrantes del pueblo.

Es un canto general de América que da un repaso a todo lo nuestro desde los gigantes geográficos hasta los pobres testiguelos del retan monopolio.

El primer capítulo se llama "la lámpara en la tierra" y entre otros amena su saludo para el gigantesco Amazonas:

Amazonas
Capital de las sílabas del agua,
padre patriarca

> Deja, deja tu huella
> de águila rubia, destroza
> tu mejilla contra el maíz salvaje,
> todo será en la tierra devorado.

Sin embargo, la conquista seguirá y dará lo suyo a América, por eso dice Neruda, "A pesar de la ira":

> Pero a través del juego y la herradura
> como de un manantial iluminado
> por la sangre sombría,
> con el metal hundido en el tormento
> se derramó una luz sobre la tierra:
> número, nombre, línea y estructura.
>
> Así con el sangriento
> titán de piedra,
> halcón encarnizado
> no sólo llegó sangre sino trigo.
>
> La luz vino a pesar de los puñales.

Pero la noche de España acaba y la noche del monopolio es amenazada. Todos los grandes de América tienen su sitio en el canto, desde los viejos libertadores hasta los nuevos, los Prestes, los que luchan con el pueblo codo a codo.

Ahora la detonación desaparece y un gran canto de alegría y esperanza salpica al lector. Pero suena especialmente la gesta de su tierra. Lautaro y sus guerreros y Caupolicán el empalado.

"Lautaro contra el centauro (1554)" da la idea justa.

> La fatiga y la muerte conducían
> la tropa de Valdivia en el follaje.
> Se acercaban las lanzas de Lautaro.
> Entre los muertos y las hojas iba
> como en un túnel Pedro de Valdivia.
> En las tinieblas llegaba Lautaro.
> Pensó en Extremadura pedregosa,
> en el dorado aceite, en la cocina,
> en el jazmín dejado en ultramar.
> Reconoció el aullido de Lautaro.
> Valdivia vio venir la luz, la aurora,
> tal vez la vida, el mar.
> Era Lautaro.

No podía faltar en su canto la reunión misteriosa de Guayaquil, y en las líneas de la entrevista política palpita el espíritu de los dos grandes generales.

Pero no todo fue lucha heroica y limpia de los libertadores, también hubo traiciones, verdugos, carceleros, asesinos. "La arena traicionada" se abre con "Los verdugos":

> Sauria, escamosa América enrollada
> al crecimiento vegetal, al mástil
> erigido en la ciénaga:
> amamantaste hijos terribles
> con venenosa leche de serpiente,
> tórridas cunas encubaron
> y cubrieron con barro amarillo
> una progenie encarnizada.
> El gato y la escorpiona fornicaron
> en la patria selvática

Y aparecen y desfilan los Rosas, Francias, García Morenos, etc., y no sólo nombres, instituciones, castas, grupos.

A sus colegas "Los poetas celestes" les pregunta:

Qué hicisteis vosotros gidistas,
intelectualistas, rilkistas,
misterizantes, falsos brujos
existenciales, amapolas
surrealistas encendidas
en una tumba, europeizados
cadáveres de la moda,
pálidas lombrices del queso
capitalista...

Y cuando llega a las compañías norteamericanas, su poderosa voz respira piedad por las víctimas y asco y odio hacia los pulpos, hacia todos los que fraccionan y degluten nuestra América:

Cuando sonó la trompeta, estuvo
todo preparado en la tierra,
y Jehová repartió el mundo
a Coca-Cola Inc., Anaconda,
Ford Motors, y otras entidades:
la Compañía Frutera Inc.
se reservó lo más jugoso,
la costa central de mi tierra,
la dulce cintura de América.

A González Videla, el presidente que lo envía al exilio, le grita:

Triste clown, miserable
mezcla de mono y rata, cuyo rabo
peinan en Wall Street con pomada de oro.

Pero no todo ha muerto tampoco, y de la esperanza brota su grito:

América, no invoco tu nombre en vano.

Se concentra luego en su patria dando el "Canto general de Chile" donde después de describirlo y cantarlo da su "Oda de invierno al río Mapocho".

Oh, sí, nieve imprecisa,
oh, sí, templando en plena flor de nieve,
párpado boreal, pequeño rayo helado
¿quién, quién te llamó hacia el ceniciento valle,
quién, quién le arrastró desde el pico del águila
hasta donde tus aguas puras tocan
los terribles harapos de mi patria?

Y entonces viene la tierra, "La tierra se llama Juan", y entre el canto inhábil que cada obrero da se oye el de Margarita Naranjo, que desgarra con su patetismo desnudo:

Estoy muerta. Soy de María Elena.

Y después se vuelve furioso contra los principales culpables, contra los monopolios, y le dedica a un soldado yanqui su poema "Que despierte el leñador":

Al oeste de Colorado River
hay un sitio que amo

Y le advierte:

Será implacable el mundo para vosotros.
No sólo serán las islas despobladas, sino el aire
que ya conoce las palabras que les son queridas.

Estudio imprescindible: mirando al
futuro. Ñancahuasú, Bolivia, 1967.

> Y desde el laboratorio cubierto de enredaderas
> saldrá también el átomo desencadenado
> hacia vuestras ciudades orgullosas.

González Videla desata la persecución contra él y lo convirtió en "El fugitivo", desde aquí su canto cae algo, parece como si la improvisación campeara desde ese momento en su canto y pierde entonces la altura de su metáfora y el delicado ritmo de su idea. Luego siguen "Las flores de Punitaqui" y luego saluda a sus colegas de habla hispánica.

En "Coral de año nuevo para mi patria en tinieblas" polemiza con el gobierno de Chile y después recuerda "El gran océano" con su Rapa Nui:

> Tepito-Te-Henúa, ombligo del mar grande,
> taller del mar, extinguida diadema.

Y acaba el libro con su "Yo soy", donde hace su testamento luego de repasarse a sí mismo:

> Dejo a los sindicatos
> del cobre, del carbón y del salitre
> mi casa junto al mar de Isla Negra.
> Quiero que allí reposen los maltratados hijos
> de mi patria, saqueada por hachas y traidores,
> desbaratada en su sagrada sangre,
> consumida en volcánicos harapos.
>
> Dejo mis viejos libros, recogidos
> en rincones del mundo, venerados
> en su tipografía majestuosa,
> a los nuevos poetas de América,
> a los que un día
> hilarán en el ronco telar interrumpido
> las significaciones de mañana.

Y finalmente grita:

> Aquí termino:
> y nacerá de nuevo esta palabra,
> tal vez en otro tiempo sin dolores,
> sin las impuras hebras que adhirieron
> negras vegetaciones en mi canto,
> y otra vez en la altura estará ardiendo
> mi corazón quemante y estrellado.
> Así termina este libro, aquí dejo
> mi Canto General escrito
> en la persecución cantando, bajo
> las olas clandestinas de mi patria.
> Hoy 5 de febrero, en este año
> de 1949, en Chile, en "Godomar
> de Chena", algunos meses antes
> de los cuarenta y cinco años de mi edad.

y con este final de François Villon acaba el libro más alto de América poética. La épica de nuestro tiempo de tocar con sus alas curiosas todo lo bueno y lo malo de la gran patria.

No hay espacio para otra cosa que la lucha; como en *La araucana* de su antecesor genial, todo es combate continuo, y su caricia es la caricia desmañada del soldado, no por eso menos amorosa pero cargada de fuerzas de la tierra.

"...Goethe... cuyo genio polifacético cristalizó en Fausto..."
Sierra Maestra, 1957.

Bolivia es final y continuidad del viaje emprendido por el joven Ernesto casi tres lustros atrás.

La historia de lo que ocurrió allí ha sido narrada muchas veces, con mayor o menor fortuna, con buenas o dudosas intenciones, en palabras, con imágenes, desde 1967 hasta hoy.

En el medio está la memoria de ese *condottiero* del siglo XX, viajero impenitente, buscador de paisajes, vocaciones y destino, con su sorprendente costumbre de renacer en cada vuelta del camino, quiero decir, de la historia.

Sus papeles de Bolivia han quedado como parte imprescindible de esa memoria: resulta emocionante y aleccionador comprobar que tenemos noticia, detalles, corazón de aquella historia aplazada en la Higuera gracias a las palabras que Ramón/Fernando/Mongo/Ernesto/Che dejó para nosotros en su diario de guerra.

A lo largo de esas anotaciones puede seguirse el rastro físico y espiritual de la guerrilla, conocer los detalles de su vida en campaña, la emoción de las emboscadas, las tragedias de las muertes sorpresivas.

Este hombre fue consecuente allí —ahora también podemos comprobarlo— con el camino que fue eligiendo en su recorrido por nuestra Mayúscula América, consolidando en las alturas de la Sierra Maestra, definiendo en sus vocación de constructor, perfilando en los debates internacionales donde brilló con luz propia su inteligencia y su integridad.

Fue también fiel a su pupila y su vocación de testimoniante, a su empecinada manera de analizar y analizarse para mejorar el mundo y sus gentes.

Por eso están aquí, nacidas entre las tensiones y las angustias de la guerra, estas evaluaciones que el Che escribió sobre dos de sus combatientes, y el análisis de uno de los primeros meses de vida de la guerrilla en tierra boliviana.

"Día negro para mí" trae el eco de los apuntes de su *Diario inconcluso*. La imagen del "pequeño capitán valiente" remite a la poesía que lo acompañó en medio del amor y de la guerra. Los libros trasladados de mochila en escondite nos recuerdan su voluntad de conocer y de aprender, testimoniada en comentarios de lectura que han llegado hasta nosotros entre sus papeles.

Son las claves de un mismo viaje que este libro ha tratado de seguir a través de fotos y manuscritos, de crónicas y de imágenes, para que compartamos las alegrías compartibles, las tristezas que nos toquen, las esperanzas y los sueños que sus páginas entreguen.

Aquí, en el día de hoy y de mañana. En el día de San Guevara, ya festejado una vez en las tierras de Perú, y festejable siempre en cualquier punto de ese viaje que no ha terminado, mientras alguien sea "capaz de temblar de indignación cada vez que se comete una injusticia en el mundo".

—*VC*

14

"conlaadarga
albrazo,
todofantasía"

millegadasin inconvenientes...
(diariodebolivia)

Análisis del mes / Enero

Todo ha salido bastante bien: mi llegada sin inconvenientes; la mitad de la gente está aquí también sin inconvenientes, aunque se demoraron algo; los principales colaboradores de Ricardo se alzan contra viento y marea. El panorama se perfila bueno en esta región apartada donde todo indica que podremos pasarnos prácticamente el tiempo que estimemos conveniente. Los planes son: esperar el resto de la gente, aumentar el número de bolivianos por lo menos hasta 20 y comenzar a operar. Falta averiguar la reacción de Monje, cómo se comportará la gente de Guevara.

Che como "Ramón Benítez" hacia el Congo.
La Habana, 1965.

más la luz
sol ilumina lugar...

(fragmento diario rolando)

Enero 10, 1967

Hoy estoy en misión de vigilancia en un bello lugar y lamento no tener conmigo una cámara para tomar algunas fotografías de esta zona. Estoy en una montaña que es igual a las más pintorescas que he visto en las películas. A mi derecha el río corre suavemente sobre grandes rocas que producen estruendosas caídas. Más allá del río comienza una cadena de montañas extremadamente empinada y cubierta con espesa vegetación y elevándose casi verticalmente desde el arroyo, formando un número de picos. La cumbre de cada uno de estos está cubierta por una espesa neblina mientras más abajo la cálida luz del sol mañanero ilumina el lugar y me hace interrumpir mi lectura (estoy leyendo *La Cartuja de Parma*) y recordar a mis seres amados: mi esposa, Eliseíto, Marisela y Renecito. Pienso en mi madre, en la sorpresa que debe haber tenido cuando mi padre le dijo que estoy luchando del lado de [...] con P.

tu pequeño
capitán

(fragmento diario che la de

Abril 25

Día negro. A eso de las 10 de la mañana volvió Pombo al observatorio avisando que 30 guardias avanzaban hacia la casita. [...]

Al poco rato apareció la vanguardia que para nuestra sorpresa estaba integrada por 3 pastores alemanes con su guía. Los animales estaban inquietos pero no me pareció que nos hubieran delatado; sin embargo, siguieron avanzando y tiré sobre el primer perro, errando el tiro, cuando iba a darle al guía, se me encasquilló el M-2. Miguel mató otro perro, según pude ver sin confirmar, y nadie más entró a la emboscada. Sobre el flanco del Ejército comenzó un fuego intermitente. Al producirse un alto mandé a Urbano para que ordenara la retirada pero vino con la noticia de que Rolando estaba herido; lo trajeron al poco rato ya exangüe y murió cuando se empezaba a pasarle plasma. Un balazo le había partido el fémur y todo el paquete vásculo-nervioso; se fue en sangre antes de poder actuar. Hemos perdido el mejor hombre de la guerrilla, y naturalmente, uno de sus pilares, compañero mío desde que, siendo casi un niño, fue mensajero de la columna 4, hasta la invasión y esta nueva aventura revolucionaria; de su muerte oscura sólo cabe decir, para un hipotético futuro que pudiera cristalizar: "Tu cadáver pequeño de capitán valiente ha extendido en lo inmenso su metálica forma".

evaluaciónderolando

(eliseoreyes)

Rolando 20/11/66

20/2/67 —tres meses— Muy bueno,
no ha cumplido su función de
comisario político, pero es un
permanente ejemplo para la tropa.

Muerto el 25/4/67 en primera línea de
fuego. Se extingue una actitud
ejemplar en la primera línea del
ejemplo, se desmorona un pilar de la
guerrilla. Merece un homenaje
póstumo mayor que la importancia
que se le dio en vida, donde su
modestia conspiró con su relevancia.

Bolivia, 1967.

día negro para mí...

(fragmento del diario del che sobre la muerte de tuma)

Junio 26

Día negro para mí. Parecía que todo transcurriría tranquilamente y había mandado 5 hombres a reemplazar a los emboscados en el camino de Florida, cuando se oyeron disparos. Fuimos rápidamente en los caballos y nos encontramos con un espectáculo extraño: en medio de un silencio total, yacían al sol cuatro cadáveres de soldaditos, sobre la arena del río. No podíamos tomarles la armas por desconocer la posición del enemigo; eran las 17 horas y esperábamos la noche para efectuar el rescate: Miguel mandó a avisar que se oían ruidos de gajos partidos hacia su izquierda; fueron Antonio y Pacho pero di orden de no tirar sin ver. Casi inmediatamente se oyó un tiroteo que se generalizó por ambas partes y di orden de retirada, ya que llevábamos las de perder en esas condiciones. La retirada se demoró y llegó la noticia de dos heridos: Pombo, en una pierna y Tuma en el vientre. Los llevamos rápidamente a la casa para operarlos con lo que hubiera. La herida de Pombo es superficial y sólo traerá dolores de cabeza su falta de movilidad, la de Tuma le había destrozado el hígado y producido perforaciones intestinales; murió en la operación. Con él se me fue un compañero inseparable de todos los últimos años, de una fidelidad a toda prueba y cuya ausencia siento desde ahora casi como la de un hijo. Al caer pidió que se me entregara el reloj, y como no lo hicieron para atenderlo, se lo quitó y se lo dio a Arturo. Ese gesto revela la voluntad de que fuera entregado al hijo que no conoció, como había hecho yo con los relojes de los compañeros muertos anteriormente. Lo llevaré toda la guerra. Cargamos el cadáver en un animal y lo llevamos para enterrarlo lejos de allí.

de

(carlos

7/2/67 —tres meses— Perfecto en su
función secundaria de mi ayudante.

7/5/67 —6 meses— Bien. Tuvo un
bajón que fue casi general pero lo
ha superado.

Muerto en combate el 26/6/67. Es una
pérdida considerable para la guerrilla,
pero sobre todo para mí que pierdo al
más leal de los compañeros.

Punto de observación.
Ñancahuasú, Bolivia, 1967.

i Cristo yacente, ni lección de
anatomía, ni últimas imágenes
cronológicas que los libros han
fatigado en estos años, en tantas
recordaciones. Aquí está cerrando este
libro —quiero decir está abriendo este
libro la memoria vivida y la memoria
por venir que ahora tiene el nombre
de sueño, ética, invención o
esperanza— Che testimoniante.

Primero, con sus amigos, escuchando
o riendo.

Después, ya maquillado y vestido para
la ocasión de la próxima aventura, a
punto de partir hacia "otras tierras del
mundo", en estas fotos que nunca han
aparecido en libro antes de ahora.

Quizás afilando nuevamente el humor,
sobre esta frase de su primer viaje:
"Ese vagar sin rumbo por nuestra
'Mayúscula América' me ha cambiado
más de lo que creí".

O despidiéndose momentáneamente,
desde la imagen diáfana y juvenil del
amor cotidiano, con otra frase tomada
de sus viajes, que aún no han
terminado: "Los dejo ahora conmigo
mismo; el que fui..."

—VC

15
la imagen
en la memoria

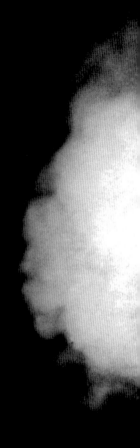

Centro de Estudios Che Guevara

El Centro de Estudios Che Guevara es la Institución encargada de impulsar el estudio y conocimiento del Pensamiento, la Vida y la Obra del Comandante Ernesto Che Guevara, tanto dentro como fuera de Cuba, por la trascendencia de su legado teórico-práctico, ético y la vigencia y actualidad en el mundo globalizado de hoy.

Se encuentra ubicado en la antigua casa donde viviera Che con su familia, desde 1962 hasta su salida definitiva de Cuba.

Centro de Estudios Pablo de la Torriente Brau

El Centro Pablo de la Torriente Brau, fundado en La Habana en 1996, es una institución cultural independiente, sin fines lucrativos, que ha creado programas y espacios de difusión y debate relacionados con la memoria, la historia oral, el testimonio, las artes plásticas, el arte digital, la nueva trova cubana, inspirado en el legado histórico y literario de Pablo de la Torriente Brau y apoyándose en las nuevas tecnologías de comunicación y creación artística.

Ocean Sur, casa editorial hermana de Ocean Press, es una nueva, extraordinaria e independiente aventura editorial latinoamericana. Ocean Sur ofrece a sus lectores, en español y portugués, las voces del pensamiento revolucionario del pasado, presente y futuro de América Latina: desde Bolívar y Martí, a Haydée Santamaría, Che Guevara, Fidel Castro, Hugo Chávez y muchos otros más. Inspirada en la diversidad, la fuerza revolucionaria y las luchas sociales en América Latina, Ocean Sur desarrolla múltiples e importantes líneas editoriales que reflejan las voces de los protagonistas del renacer de Nuestra América. Editamos los antecedentes y el debate político actual, lo mejor del pensamiento de la izquierda y de los movimientos sociales, las voces indígenas y de las mujeres del continente, teoría revolucionaria, política y filosófica de la vanguardia de la intelectualidad latinoamericana, asi como los aportes fundamentales de artistas, poetas y activistas revolucionarios. Ocean Sur es un lugar de encuentro.

Proyecto Editorial Che Guevara

Una nueva colección de libros es presentada por Ocean Press y por el Centro de Estudios Che Guevara de La Habana, con el objetivo de dar a conocer la obra y las ideas de Ernesto Che Guevara — la personalidad contemporánea más admirada, paradigma de los jóvenes radicales.

Mas conocido como combatiente y jefe guerrillero, esta colección de numerosos títulos tiene como objetivo mostrar al Che como un profundo pensador con una visión muy radical del mundo, algo que todavía inspira y motiva a los jóvenes rebeldes de cualquier país hoy en día. Los lectores conocerán al Che economista, político, filósofo y al Che humanista revolucionario.

Mucha de esta obra es inédita — como las *Notas Críticas sobre la Economía Política*. Otros títulos son producto de una profunda investigación y estudio de la obra del Che, y otros han sido rescatados del olvido en el que algunos los quisieron mantener. Muchos de los libros de esta serie serán antologías temáticas, como es *América Latina*, una selección única de la visión que tenía el Che hacia Latinoamérica desde su adolescencia hasta 1967.

Toda esta obra será publicada por Ocean Press en colaboración con el Centro de Estudios Che Guevara, La Habana, Cuba. Serán publicados en inglés y en español, y demostrarán que el Che es mucho más que un símbolo que aparece en una camiseta o un póster. Los lectores podrán descubrir y confirmar la profundidad de su pensamiento en el ámbito cultural, su relevancia política, su ironía y su pasión como ser humano.

Che desde la memoria
Los dejo ahora conmigo mismo: el que fui

Che Guevara presente
Una antología mínima

América Latina
Despertar de un continente

La guerra de guerrillas
Edición autorizada

Justicia global
Liberación y socialismo

Notas de viaje
Diario en motocicleta

Otra Vez

Pasajes de la guerra revolucionaria
Edición autorizada

**Pasajes de la guerra
revolucionaria: Congo**

El diario de Bolivia
Edición autorizada

Punta del Este
Proyecto alternativo de desarrollo para América Latina

El gran debate
Sobre la economía en Cuba 1963-1964

Notas críticas a la economía política

El socialismo y el hombre en Cuba

Lecturas para una reflexión